上海市虹口区70年大事记

1949-2019

中共上海市虹口区委党史办公室◎编

学林出版社 上海人民出版社

目　录

Contents

前 言

Preface

2019年是中华人民共和国成立70周年，也是上海解放70周年。70年间，虹口人民在历届市委、市政府及区委、区政府的坚强领导下，团结奋斗，各项事业取得了丰硕成果，铸就了今日虹口的辉煌。在全国上下隆重庆祝中华人民共和国成立70周年之际，虹口区委党史办公室在中共虹口区委的领导和区委宣传部的指导下，在编委会单位的支持下编写的《上海市虹口区70年大事记（1949—2019）》一书，与大家见面了。

《上海市虹口区70年大事记（1949—2019）》一书，通过查阅《虹口区志》《虹口年鉴》《中共上海市虹口区历史大事记》《中共上海市虹口区历史实录》《上海市虹口区组织史料》等，从中选出1949年1月到2019年7月在虹口区境内所发生的1500余件大事，以编年体的形式（部分条目为记事完整，采用纪事本末体）进行了认真整理、编纂，真实而简洁地记录了虹口经济、政治、文化、社会和生态文明等各领域的新发展、新突破、新成效。

以史为鉴，可以知兴衰。中华人民共和国成立以来的70年，虹口土地上几乎每一天都发生着具有纪念意义的事。回顾虹口历史上发生的大事、要事、新鲜事，不但可以清晰地看到虹口70年所走过的光辉历程，而且可以更好地激励虹口人改革开放再出发，在习近平新时代中国特色社会主义思想指导下继续前进。

编 者

2019年10月

一九四九年

1 月　上海市立实验戏剧学校（现四川北路 1838 号，虹口教师进修学院实验中学所在地）校长熊佛西受中共上海文委委托，对文艺界著名人士周信芳、梅兰芳进行工作，希望他们留在上海，迎接解放。

2 月 25 日　国民党“重庆号”巡洋舰 574 名官兵起义，驾舰从汇山码头（现公平路码头）出发驶往北方解放区。26 日，驶达苏北解放区。

2 月　中共上海市委决定全市地下党的组织形式由原来按系统、垂直领导，改为按地区分块领导。中共虹口、北四川路、提篮桥三个分区委建立。

2 月　中共上海路（铁路）、海（码头、海员）、空（航空、机场）委员会将国民党设在海南路 10 号的空军上海供应站司令部及其所属单位和大场机场、江湾机场内的中共地下党员组成党支部。

3 月至 4 月　境内上海法学院、光华大学、暨南大学、东吴法学院和麦伦中学、复兴中学、京沪中学等校的中共地下组织，开展地区敌情调查，相关资料由上级党组织转送中国人民解放军。

> 2

3 月至 4 月　国民党虹口警察分局地下党支部开展社会调查，对境内 68 处国民党军、政、宪、特机构的内部组织、人员动态，以及地痞流氓头子、恶霸等资料进行系统搜集、整理报送上级党组织。

4 月 5 日　农工民主党上海市委在宝安路恒盛里 47 号召开会议，研究策反工作、迎接上海解放等任务时，领导人曾伟、虞健（中共党员）和刘启纶被国民党逮捕。5 月 21 日，3 人被秘密杀害于闸北宋公园。

4 月 26 日　深夜，国民党上海淞沪警备司令部出动万余名军警特务，包围全市各大专院校进行大搜捕，共搜捕学生 356 人。

4 月　驻扎虹口的国民党伞兵三团在团长刘农畯率领下，举行起义。5 月 18 日，毛泽东、朱德发电向起义官兵祝贺。

4 月　上海市立实验戏剧学校成立“上海人民宣传总部沪北区宣传部艺术宣传大队”。该校中共党支部秘密组织同学制作“人民宣传队”臂章、旗帜和巨幅标语。

4 月　境内十八民校中共组织发动党员和非党骨干在 100 多个单位中发展工人协会会员 300 多名。5 月上旬，工人协会改为人民保安队，着手调查区境内地痞、流氓活动情况，并张贴“警告国民党反动军警特政宪人员公告”。

5 月 7 日　深夜，中共地下党员李白，被国民党特务秘密杀害于浦东戚家庙，年仅 39 岁。1948 年 12 月 30 日凌晨，李白在位于黄渡路 107 弄 15 号的住处被捕。

5月25日　国民党空军上海供应司令部中共支部以10余名地下党员为骨干，率领新空军自卫队员，占领海南路10号司令部大楼，在大楼楼顶升起迎接解放的苏州河北岸第一面红旗。

5月26日　中国人民解放军第三野战军第二十六军解放江湾镇。

5月26日　中国人民解放军进攻苏州河以北地区，首先从南面攻打外白渡桥。是日下午，驻守在邮电大楼（现上海邮政博物馆）和百老汇大厦（现上海大厦）的国民党守军投降，中国人民解放军进入虹口。

5月27日　凌晨，中国人民解放军第三野战军第九兵团司令员宋时轮、郭化若率部在海南路10号建立前沿指挥部。

5月27日　拂晓，中国人民解放军第二十三军占领东江湾路国民党京沪杭警备司令部，第二十七军占领四川北路电话总局。

5月27日　上海全境解放。

5月27日　中国人民解放军第三野战军司令部前线指挥所进驻虹口区江湾路1号（原国民党淞沪警备司令部）。

5月27日　中国人民解放军上海市军事管制委员会海军接管部进驻武昌路9号，接管国民党上海海军机构（原国民党海军补给总站）。

5月28日　中国人民解放军上海市军事管制委员会派出接管专员分别接管国民党虹口警察分局、北四川路警察分局和提篮桥警察分局。

5 月 29 日　中国人民解放军淞沪警备司令部成立，驻海南路 10 号，政治部驻武进路 409 号。

5 月 30 日　中国人民解放军上海市军事管制委员会派出接管专员分别接管国民党虹口区公所、北四川路区公所、提篮桥区公所。

6 月 3 日　中国人民解放军上海市军事管制委员会颁布通令，决定在市内 20 个市区成立接管委员会。是日，虹口区、北四川路区和提篮桥区接管委员会建立。

6 月 10 日至 13 日　上海市人民政府公安局北四川路分局、提篮桥分局、虹口分局先后成立。

6 月 27 日　虹口区、北四川路区、提篮桥区接管委员会分别设立 7 个、3 个、6 个接管专员办事处。

6 月 29 日　国民党飞机空袭上海闸北、虹口，炸毁房屋百余间，伤亡 200 余人。8 月 25 日和 10 月 15 日，境内又遭两次空袭，死亡 71 人。

6 月　中共上海市青委和青年团上海市工委建第一、第六青年工作队，分别领导提篮桥区、虹口区、北四川路区和新市区青年工作。

7 月 6 日　上海市军民在四川北路（主席台设在江湾路 1 号）举行盛大典礼，纪念“七七”抗战爆发 12 周年和庆祝上海解放，游行队伍达百万人以上，陈毅、粟裕、饶漱石、潘汉年等党政军首长检阅游行队伍。

7月8日　华东军区海军后勤司令部在武昌路9号成立。

7月24日　晚9时至翌日凌晨4时，4906号强台风袭击上海，造成1915年以来最大风灾，引起苏州河水倒灌，虹口区、北四川路区多处被淹，水深达半米。

7月　中国人民银行上海分行在境内设立第十二、第十三、第十四、第十九办事处。

8月6日　中共上海市委决定建立新的沪东区委，统一领导提篮桥区、杨树浦区和榆林区3个行政区党的工作。

8月　中国新民主主义青年团沪东区工作委员会成立。

9月2日　中共虹口区委成立，负责虹口区和北四川路区两个行政区党的工作。

9月27日　家住山阴路145弄6号的曾联松设计的五星红旗国旗图案，被中国人民政治协商会议第一届全体会议采用。

9月　中国新民主主义青年团虹口区工作委员会成立，负责虹口区和北四川路区两区团的工作。

10月　上海市家庭妇女联合会北虹区分会成立，负责虹口区、闸北区、北站区和提篮桥区的妇女工作。

12月　华东人民革命大学附设上海俄文学校在大连西路550号创办。后

> 6

历经华东人民革命大学附设外文专修学校、上海俄文专（修）科学校等传承变革，1956 年改制为上海外国语学院，1963 年列入教育部全国重点大学。1994 年更名为上海外国语大学（现上海外国语大学虹口校区）。

一九五〇年

1月3日　上海市第四人民医院派出36名医务人员参加上海第一批医疗队到嘉定为3000名解放军进行检查，防治血吸虫病。

2月6日　国民党空军17架飞机分4批连续空袭上海，投弹67枚，造成提篮桥区、北四川路区和虹口区大部分地段断水断电。

2月　虹口区、北四川路区和提篮桥区先后建立区防空治安委员会和防空治安指挥部，各基层建立相应机构。

2月　江湾镇人民政府成立。

3月1日至3日　北虹区第一次妇女代表会议召开，出席代表334人。

6月12日　中共上海市委决定按行政区建立中共虹口区委、中共北四川路区委和中共提篮桥区委。

6月28日　上海市人民政府决定分别成立虹口区、北四川路区和提篮桥区人民政府。

7月1日　虹口区、北四川路区、提篮桥区响应中国人民政治协商会议号召，开展反对美帝国主义侵略的和平签名运动。在1日至7日全国和平宣言签名运动周中，十余万人上街参加和平签名。

7月3日　中国人民解放军上海市军事管制委员会决定撤销区接管委员会。

7月5日　江湾区人民政府成立。

7月7日　江湾路800号德利运输公司因废胶卷自燃引起大火。仓库中有大量易燃易爆物品和661箱TNT炸药。市公安局和虹口等6个分局的干警、消防队员参与灭火，至8日下午2时将大火扑灭，抢救出约300亿元（旧人民币）财产。

7月　新华金笔厂与新华腊纸厂合并为新华文具厂，迁址罗浮路。1987年改名永生金笔厂。1992年改制为上海永生制笔股份有限公司。

8月　公平路514号陈福昌翻铜作接受制造中华人民共和国国徽的任务，国庆节前按时完成。10月2日，政务院秘书厅来函致谢。

8月　中共虹口区委、北四川路区委、提篮桥区委开展党内整风运动，10月底结束。

10月　虹口区、北四川路区、提篮桥区卫生防疫站和诊疗站相继建立，主要开展以预防天花为中心的防疫清洁运动。1951年7月后，天花基本绝迹。

11月9日　中国人民解放军淞沪警备司令部奉命改编为华东军区公安部队司

令部，驻江湾路1号。

11月22日 江湾镇被列为上海市土改试验镇，建土改大队，开始土地改革。

11月 虹口区、北四川路区、提篮桥区组织开展抗美援朝运动。至1951年，虹口区、北四川路区、提篮桥区共有1831名青年学生和青年工人参加军事干部学校，314人参加赴朝医疗队和支前运输队。

12月4日 中共虹口区委纪律检查委员会、中共北四川路区委纪律检查委员会、中共提篮桥区委纪律检查委员会成立。

12月7日 中共虹口区委保卫委员会、中共北四川路区委保卫委员会、中共提篮桥区委保卫委员会成立。

12月27日至30日 提篮桥区在全市各区中率先召开各界人民代表会议，选举产生区协商委员会（区政治协商委员会的前身）。

12月 虹口区、北四川路区、提篮桥区分别建立冬防委员会，下设冬防指挥部办事处。1951年撤销。

一九五一年

1 月 8 日　山阴路大陆新村 9—10 号鲁迅故居和鲁迅纪念馆正式对外开放，周恩来总理亲笔为上海鲁迅纪念馆题写馆名，该馆为新中国成立后政府最早建立的人物纪念馆。

1 月 11 日　中国人民解放军上海市军事管制委员会颁布《对反动党团特务人员实施登记办法》。虹口区、北四川路区、提篮桥区均设登记处，受理登记。至年底，登记近 3000 人。

1 月　上海市医疗救护大队在海宁路 68 号成立。1993 年改建为上海市医疗救护中心。

2 月 11 日至 14 日　虹口区、北四川路区分别召开第一次各界人民代表会议，成立区协商委员会。时任上海益民食品一厂副厂长江泽民作为正式代表参加了虹口区的会议。

2 月 19 日　虹口区、北四川路区、提篮桥区公安分局对逃亡地主、恶霸、散兵游勇、地痞流氓和乞丐、灾民集中栖身的哈尔滨路 169 号大楼进行突击清查，共收容 2534 人。

4 月 27 日　上海市采取统一行动搜捕反革命分子，至次日，虹口区、北四川路区、提篮桥区共捕获反革命分子 900 余人。

6月16日　北四川路区公安分局破获反动会道门“神医紫竹堂”案。首犯马万顺后被判处死刑。

6月　中国人民保险公司上海分公司设海宁路办事处和东长治路办事处。1986年9月改称中国人民财产保险股份有限公司上海市虹口支公司。

6月　虹口区、北四川路区、提篮桥区分别设立区政府派出人员办事处4个、5个、7个。

9月　地处欧阳路（现欧阳路289弄）的光华大学与地处沪西中山北路3663号的大夏大学合并，组建华东师范大学，迁出区境。

9月　虹口区、北四川路区、提篮桥区分别建立上海市工商界抗美援朝行动委员会区分会。

10月8日　中国人民解放军上海市军事管制委员会颁布《关于“圣母军”人员登记和退团办法》。虹口区、北四川路区、提篮桥区公安分局分别设立“圣母军”人员登记处，12月工作结束，机构撤销。

10月26日　虹口体育场举行落成典礼暨上海铁路局第一届职工体育大会开幕式。

11月25日　虹口区公安分局封闭境内残存妓院、暗娼窝20处。

12月19日至25日　提篮桥区、虹口区、北四川路区、江湾区先后召开区第二次各界人民代表会议。

是年　虹口区、北四川路区、提篮桥区先后成立中国国民党革命委员会（简称民革）小组。1956 年后，虹口区和提篮桥区的小组改建为支部。1958 年 5 月，两区民革第一届委员会分别成立。

是年　建于清光绪年间的木结构横浜桥改建为钢筋水泥桥。

一九五二年

1月　虹口区、北四川路区、提篮桥区分别成立上海市增产节约检查委员会分会，在区级机关及国营企业中开展“三反”（反贪污、反浪费、反官僚主义）运动，6月结束。

2月　虹口区、北四川路区、提篮桥区开始在职工30人以上的私营工厂进行民主改革。

3月　虹口区、北四川路区、提篮桥区分别在私营工商企业中开展“五反”（反行贿、反偷税漏税、反盗骗国家财产、反偷工减料、反盗窃国家经济情报）运动，9月结束。

6月　根据《上海市市区设置区人民政府办事处试行方案》，在区派出人员办事处基础上，设区人民政府办事处，办事处以序数命名。

7月　中共中央发出《关于肃清毒品流行的指示》。8月至11月，虹口区、北四川路区和提篮桥区开展群众性肃清毒品运动，共缴获毒品500余两，对268名毒犯分别处以徒刑或劳动教养。

7月　国家工作人员开始实行公费医疗制度（公安系统由公安医院医疗）。

8 月至 9 月　虹口区、北四川路区、提篮桥区先后成立上海市劳动就业委员会分会，进行失业登记。

9 月　虹口区、北四川路区、提篮桥区人民法院先后成立。

10 月　虹口区、北四川路区、提篮桥区先后召开区第三次各界人民代表会议。

11 月　中国民主建国会（简称民建）在虹口区、北四川路区、提篮桥区分别建立小组。1956 年 4 月，虹口区、提篮桥区分别成立支部。1958 年 11 月，两区分别建立区第一届工作委员会。1984 年 7 月，建立民建虹口区第一届委员会。

12 月　北四川路区、虹口区、提篮桥区在工商界抗美援朝行动委员会区分会基础上相继建立了区工商联筹备委员会。

一九五三年

3 月 16 日至 17 日　虹口区、提篮桥区分别召开第四次各界人民代表会议。

5 月 24 日　飞虹路发生特大火灾，烧毁棚房 940 间，受灾居民 1595 户、5581 人，死亡 5 人，5 家中小工厂受损。

5 月 30 日　中国人民解放军上海市军事管制委员会宣布取缔“一贯道”等反动会道门。6 月至 9 月，虹口区、北四川路区、提篮桥区共逮捕法办反动会道门骨干分子 123 人。

5 月 30 日　上海市第一届人民体育大会在新近落成的东江湾路 444 号虹口体育场开幕。此后上海市第二、第四、第五、第六、第七、第八届运动会开幕式也在虹口体育场举行。“文革”期间，该体育场改名为“东方红体育场”。该体育场 1997 年 12 月 21 日开始拆除，兴建虹口足球场。1999 年 2 月 22 日虹口足球场竣工，成为中国第一座专业足球场，也是中国甲 A 联赛申花队主场。

7 月 1 日　虹口区、北四川路区、提篮桥区分别开展解放后第一次人口普查。三区共计 159705 户 749573 人。

7 月至 8 月　虹口区、北四川路区、提篮桥区先后成立区选举委员会，开展建国以来第一次基层普选工作。1954 年 1 月完成。

9 月 6 日　华东区第一届人民体育大会在虹口体育场举行。

是年　上海海员职工疗养院在东长治路 505 号建立。1955 年 1 月改为上海海员医院。

是年　建成广中一村、二村、三村等工人新村。

是年　中国民主促进会（简称民进）在提篮桥区建立小组，1956 年 8 月、10 月，提篮桥区和虹口区先后建立第一届委员会。

一九五四年

2月1日　上海市电车公司第三保养场在东长治路建成。1955年4月与临潼路无轨电车保养场合并，改称电车二场。

4月6日　中共虹口区委里弄工作委员会开始在652个小厂、小店分三批进行民主改革，至6月中旬结束。

7月　虹口区、北四川路区、提篮桥区先后召开区第一届人民代表大会第一次会议，讨论《中华人民共和国宪法》草案，选举上海市第一届人民代表大会代表。

8月至9月　中共虹口区、北四川路区、提篮桥区先后召开第一次代表会议，贯彻落实中共七届四中全会决议和中共上海市第二次代表会议精神。

10月10日　中共虹口区委讨论审查干部计划，决定在二三年内结合工作计划、有重点地对全区干部进行一次审查。11月5日成立区委审查干部委员会，12月下旬对第一批70人进行审查，1955年5月基本结束。

> 18

11月至12月	中国新民主主义青年团上海市提篮桥区、虹口区第一次代表大会先后召开。
是年	建成商业一村、建设新村、邮电新村。

一九五五年

1月9日至15日　中国新民主主义青年团上海市北四川路区第一次代表大会召开。

1月20日　提篮桥区工人俱乐部在飞虹路400号建成开放。1960年改名虹口区第一工人俱乐部。

5月28日　北虹区工会俱乐部在四川北路1717号建成开放。1960年改名虹口区第二工人俱乐部。

5月　根据《上海市城市街道办事处组织条例》，区人民政府办事处定名街道办事处，作为区人民政府的派出机关。相关街道办事处，依此改名。

6月1日　海伦儿童公园在海伦路499号建成开放，占地1.9万平方米。1994年至1995年扩建，改名为爱思儿童公园。

6月　虹口区、北四川路区、提篮桥区组织开展肃清反革命分子运动，12月结束。

7月　根据国务院《关于国家机关工作人员全部实行工资待遇制度的命

> 20

令》和市人民委员会的补充通知精神，行政与事业编制单位的包干制人员全部改为工资制待遇。

7月至9月　虹口区、北四川路区、提篮桥区先后召开第一届人民代表大会第二次会议。区人民政府改称区人民委员会（简称区人委）。

8月至9月　虹口区、北四川路区、提篮桥区先后建立区人民检察院。

9月19日至24日　北四川路区、提篮桥区第一次妇女代表大会分别召开，成立区民主妇女联合会。

9月　虹口区、北四川路区、提篮桥区先后建立健全区天主教三自爱国筹备会。

11月4日　以原南京军区公安部队为基础，撤销华东军区公安部队司令部，组建上海警备区，驻江湾路1号。

11月5日　中共中央主席、国家主席毛泽东在黄浦码头乘“港申”轮视察上海港。视察后于外虹桥码头登岸。

11月　中国农工民主党（简称农工党）上海市委员会在虹口区建立支部。1956年成立农工虹口区总支委员会。1958年农工虹口区和提篮桥区第一届委员会先后成立。

12月21日至24日　中国人民政治协商会议上海市虹口区委员会第一届第一次会议举行。

是年　中国民主同盟（简称民盟）虹口区分部成立。1956年12月、1957年1月，民盟虹口区和提篮桥区工作委员会先后成立。1958年5月，两区分别建立民盟区第一届委员会。

是年　九三学社上海分社在北四川路区、虹口区和提篮桥区建立小组。1958年，虹口区、提篮桥区分别建立九三学社区第一届支社委员会。1986年6月改建为九三学社虹口区第一届委员会。

是年　建成广灵一村。

一九五六年

1 月　中国人民政治协商会议上海市提篮桥区、北四川路区委员会第一届第一次全体会议先后举行。

1 月　虹口区、北四川路区、提篮桥区私营工商业实行全行业公私合营，手工业全行业实行合作化。

1 月　虹口区、北四川路区、提篮桥区私营工业企业全部公私合营。

1 月　虹口区、北四川路区、提篮桥区手工业实行全行业公私合营。

1 月　虹口区、北四川路区、提篮桥区境内私立医院，卫生机构和私立学校全部改为公立。

3 月 13 日　市人委发出《调整行政区划的通知》。据此，虹口区和北四川路区合并为虹口区。北四川路区的农业地带划归北郊区。

4 月　中共上海市委决定，将市工业产业党委领导的国营、地方国营和公私合营厂下放归各区委领导。至年底，26 家改属虹口区，23 家改属提篮桥区。

5 月至 6 月　中共上海市虹口区、提篮桥区第一次代表大会先后召开，选举产生区委员会。

7 月至 8 月　虹口区、提篮桥区工商业联合会先后成立。

8 月 1 日至 3 日　强台风袭击上海，虹口区境内 1297 间草棚旧屋受损，2600 户 6000 多人离居避难。

9 月　上海市民主青年联合会虹口区、提篮桥区办事处先后成立。

10 月 14 日　鲁迅灵柩由上海万国公墓迁葬虹口公园，国家副主席宋庆龄、文化部部长茅盾以及巴金、许广平等参加迁葬仪式。中共中央主席、国家主席毛泽东为墓碑题字“鲁迅先生之墓”。19 日，鲁迅纪念馆新馆在虹口公园开馆。

11 月 5 日　中共虹口区委纪律检查委员会改称中共虹口区委监察委员会。

11 月　上海市第四人民医院、上海市第二妇幼保健院、上海市第二公费医疗门诊部改属区领导。

12 月 13 日至 17 日　虹口区、提篮桥区分别召开第二届人民代表大会第一次会议。

12 月　区医院在长阳路 32 号成立。1960 年 7 月迁舟山路 445 号。1982 年改名为虹口区妇幼保健院。

是年　国际电影院、胜利电影院、永安电影院、解放剧场、群众剧场、虹口大戏院等 13 家市属电影院、剧场改属虹口区和提篮桥区。

是年　建成广灵二村、友谊三村。

一九五七年

2 月至 4 月　虹口区、提篮桥区政协第一届第二次会议先后举行。补选第一届委员会主席。

4 月 22 日　苏联最高苏维埃主席团主席伏罗希洛夫参观上海港第五装卸区。

7 月 8 日　中共中央主席、国家主席毛泽东乘“港申”轮船视察黄浦江，在扬子江码头上岸。

7 月　虹口区、提篮桥区按系统分批开展整风运动。经过大鸣大放、大争大辩、反右派斗争和整改阶段，于 1958 年 9 月结束。

8 月 24 日　大众滑稽剧团进京演出《三毛学生意》，国务院总理周恩来观看并接见剧组人员。主演文彬彬为虹口区第四届、第五届人大代表。该剧于次年被拍摄成电影。

10 月 11 日至 12 日　虹口区、提篮桥区街道办事处由 21 个、14 个调整为 14 个、11 个。

12 月 24 日　国务院总理周恩来到虹口体育场观看北京足球队与上海足球队友谊比赛。赛前接见球员和裁判员。

是年　　建成广中四村、建机新村、新中新村、大连新村和榆篮新村。

是年　　提篮桥区组织首批社会知识青年和历届中学毕业生 105 人到市郊农场务农。

一九五八年

1 月　按照中华全国妇女联合会新章程规定，虹口区、提篮桥区民主妇女联合会改为虹口区、提篮桥区妇女联合会。

3 月 28 日　提篮桥区发动群众治理污染严重的虹镇老街浜、张桥浜和新港浜。年内埋管 4205 米，填浜 2338 米。

3 月　提篮桥区中心医院妇产科主任医师吴源泰在国内成功研制人工流产电动吸引器，手术安全快速。后在全国推广。1978 年获全国科学大会重大贡献奖。

4 月　56 家小厂、修配行、合作社合并，在天潼路（乍浦路口）组建上海计算机打字机厂。1980 年改名为上海打字机厂。

4 月　4 家小型照相纸厂联合在临潼路组建上海感光材料厂。1959 年上海感光材料厂成功试制黑白胶卷，填补国家空白。

4 月　根据市科学技术普及协会通知要求，虹口区、提篮桥区先后成立区科学技术普及协会筹委会。

5 月　虹口区、提篮桥区动员家庭妇女和社会女青年参加社会劳动。至

1960 年底，有 4.23 万人参加生产劳动。

5 月　　中国民主同盟上海市虹口区、提篮桥区委员会先后成立。

6 月　　提篮桥区第四联合诊所率先在全市建立家庭病床。上海市卫生局向全市转发该所经验后，境内联合诊所普遍设家庭病床。

8 月 16 日　　中共上海市委组织万人检查团，对全市工农业生产、交通运输、基本建设、文化教育、商业里弄、机关等方面进行全面大检查。8 月 20 日，检查团到虹口区及提篮桥区进行检查，至 12 月底结束。

8 月　　虹口区职工业余工业专科学校成立。1979 年改名虹口区业余大学。

9 月 1 日　　江湾镇划归虹口区，11 月又划归宝山县。

9 月 1 日　　榆篮公园（地处榆林区、提篮桥区、北郊区之间）动工。1959 年 4 月 22 日正式开放，后划归提篮桥区，曾名提篮公园，10 月改名和平公园。

10 月 2 日至 4 日　　虹口区、提篮桥区分别召开第三届人民代表大会第一次会议。

10 月　　虹口区、提篮桥区开展“全民炼钢运动”。

10 月至 12 月　　虹口区、提篮桥区天主教爱国会先后成立。

11 月　虹口区境内麻疹流行。至年底，共发病 2 万余例，死亡 70 人，发病率为 4713.25/10 万。

11 月　虹口区、提篮桥区分别召开工商联第二届会员代表大会。

12 月　虹口区、提篮桥区先后召开首届区科技工作会议，成立区科学技术协会。1959 年 12 月，两区科协合并为虹口区科协。1968 年，区科协撤销。1978 年，区科协恢复至今。

12 月　虹口区青少年业余体育学校创办。1972 年改名上海市虹口区青少年业余体育学校。

是年　上海市第七百货商店在四川北路开办，大名百货公司在提篮桥地区开办。

是年　虹口区红十字会成立。

是年　榆林区大连路、大连西路以南地区划归提篮桥区。

是年　区境内中国染料三厂研制成功三聚氯氰型活性染料，创造出偶氮染料生产的新技术——泵浦反应。

是年　光大文记热水瓶桶罐厂由马当路迁至黄山路 53 号。1966 年改名上海保温瓶一厂。1969 年创制中国第一台玻璃瓶胆自动吹泡机。

是年　建成商业二村、洛阳新村、提篮新村、玉田新村、海运新村、胜利农民新村。

是年　筑新港路，延拓中山北一路。

是年　虹口区、提篮桥区知识青年 2530 人去江西、湖北国营农场务农。

一九五九年

1月	南翔至何家湾铁路支线建成通车，途经区境胜利农民新村至三门路。
2月13日	中共中央总书记邓小平、中共中央书记处书记彭真到虹口体育场观看罗马尼亚人民军“军队中央之家”足球队与上海足球队的友谊赛。
3月20日至21日	中共虹口区委、提篮桥区委先后建立制止农村人口盲目流入城市工作检查小组，集中力量开展宣传工作，动员城市人口下乡和制止农村人口流入城市。虹口区于7月前动员1.7万人回乡，提篮桥区于6月前动员1.5万人回乡。
3月	虹口区、提篮桥区政协第二届委员会第一次会议先后举行。
10月	临潼路旧居住区改造第一期工程开始实施，1960年基本竣工，定名临潼新村。
10月至12月	中共虹口区委、提篮桥区委组织开展以反右倾、保卫总路线为中心的整风运动。

12 月 3 日　中共上海市委决定调整市区行政区划，将虹口区、提篮桥区合并为虹口区，相应建立新的中共虹口区委。1960 年 1 月正式对外办公。

是年　建成友谊一村、二村。

是年　提篮桥区获卫生部授予继承发扬祖国医药遗产成绩优良奖。

是年　上海市青少年体育学校创办于水电路 176 号。1979 年更名为上海市体育运动学校至今。

一九六〇年

1月25日　虹口区少年宫在东汉阳路205号创建。1966年6月1日迁址百官街1号。

3月15日　虹口区第一届民兵代表会议召开。

4月7日　中共虹口区委常委会决定在辖区11个街道建立中共街道委员会。随后又在中共上海市委城市人民公社领导小组划归虹口区的东昌街道建立中共街道委员会。

7月6日　虹口区组织开展反贪污、反浪费、反官僚主义整风运动，揭露瞎指挥和命令风、浮夸风、特殊风、共产风、拖拉风和浪费问题。至11月，全区机关和事业单位精简5445人。

8月8日　中共虹口区委建议中共上海市委将东昌街道党委建立城市人民公社工作划归浦东县领导。11月中共上海市委决定撤销浦东县建制，将浦东县东昌街道划入黄浦区。

9月13日　虹口区建立围垦指挥部，组织2074人到长兴岛的园沙岛分两期围垦，至年底围垦造田1000亩。1961年春节前又围垦1500亩。

11 月 24 日至 25 日　虹口区第一次妇女代表大会召开，成立虹口区妇女联合会，选举产生第一届执行委员会委员 37 人，候补委员 4 人。

是年　上海耐酸搪瓷厂制成高压无缝气体钢瓶，打破了国外技术封锁，填补了国内空白。1967 年改名上海高压容器厂。

是年　全区 10 个工厂联合保健站、29 个联合诊所、15 个联合妇幼保健站，合并为 11 所街道地段医院。

是年　建成石油新村。

是年　虹口区开始组织知识青年上山下乡，至 1966 年全区共计上山下乡 1.32 万人，其中参加新疆建设兵团 7985 人。

一九六一年

1月　虹口区继续开展整风运动，由反浪费转为反贪污。第一批区级机关和附属机构48个单位，2356人；第二批街道党委、商业行业总支系统23个单位，2521人。

3月4日　鲁迅墓被列入国务院公布的《第一批全国重点文物保护单位》。

6月　建虹口港闸。1966年8月重修，宽8米，标高6.3米。主要作用为控制黄浦江潮水倒灌，保证水路运输。

8月　虹口区工商联第三届会员代表大会召开。

9月13日至19日　虹口区政协第三届委员会第一次会议举行。

9月14日至19日　虹口区第四届人民代表大会第一次会议举行。

11月13日　经中共上海警备区委员会批准，中共虹口区委建立武装部党委。

是年　上海市第四人民医院医师曹钰霖首次采用自制安装器施行人工镫骨手术，使耳硬化病患者恢复听力。1978 年获全国科技成果奖。

一九六二年

1 月 5 日　中共虹口区委开始对 1958 年以来受批判、处分的党员、干部和群众进行甄别纠错。

1 月 10 日　《关于在区委统一领导下充分发挥人民委员会一级行政机构作用的初步意见》经区委审查原则同意，正式试行。1958 年以来的党政不分情况有所改变。

1 月 26 日　上海市公安局虹口分局在市公安局有关业务处的配合下，侦破 1960 年上海市“六一二大案”。

2 月　中共虹口区委传达中共中央扩大会议（七千人大会）精神。3 至 12 月，区委党校分 5 批轮训区委主管干部 1237 人。

4 月　上海市归国华侨联合会虹口区工作委员会成立。

8 月　第七号台风袭击上海，区境内黄浦路防汛墙被冲毁 100 米左右，士庆路（今海伦西路）214 弄驳岸被冲毁 6 米。全区积水，虹口港两岸积水 1 米以上，交通中断。

12 月　虹口区武进路以北、罗浮路以西、宝山路以东、淞沪铁路以南地区划归闸北区。

是年　虹口区继续开展精简职工，动员职工、社会人口回乡支援农业生产，为国家分担困难。全年精简职工 11855 人，减少城镇人口 15907 人。

一九六三年

3月5日　中共中央主席毛泽东号召“向雷锋同志学习”。全区团员青年广泛开展学雷锋活动。

4月4日至8日　虹口区人民武装部、工会、团区委联合举办展览会，组织报告会，开展宣传、学习南京路上好八连活动。

4月12日　中共虹口区委决定在全区分批组织开展以反对贪污盗窃、反对投机倒把、反对铺张浪费、反对分散主义、反对官僚主义为中心的社会主义教育运动，结合运动进行整党。

5月3日　中共上海市委决定区委监察委员会改称为市委监察委员会常驻虹口区监察组，区委书记任组长。

9月　虹口区广泛组织动员知识青年参加新疆生产建设兵团。至1966年5月，全区共有7900余人赴新疆生产建设兵团。

10月　虹口公园至江湾五角场的3路有轨电车铺设铁轨，1975年12月拆除。

11月14日至15日　虹口区政协第四届委员会第一次会议举行。

11 月 15 日至 19 日　虹口区第五届人民代表大会第一次会议举行。

11 月 23 日　中共虹口区委贯彻中共中央通知，开始向全区宣读农村社会主义教育运动问题的两个文件（《关于目前农村工作中若干问题的决定》《关于农村社会主义教育运动中的一些具体政策的规定》）。至 1964 年春节，有 30 万人听讲。

是年　淞沪铁路火车客运业务停止，改为货运专线，江湾站改为货运站。

一九六四年

1月2日　临平北路光华印绸厂发生大火。3000军民参加救灾，厂内财物绝大部分被抢出，15名抢救者受伤。虹口消防队代理班长、中共党员许泽林牺牲。

3月24日至28日　虹口区第二次妇女代表大会召开。

4月　虹口区40个工业单位改属上海市有关局领导。

6月　虹口区各街道委员会改称为街道办事处。

7月1日　虹口区开展第二次人口普查，总户数181974户，总人口825611人。

7月6日　虹口区档案馆建立。

8月7日　中共虹口区委部署社会主义教育运动，派出3个工作队，到基层进行试点。

11月13日　中共虹口区委常委会学习讨论《中共中央关于认真讨论刘少奇同

> 42

志答江渭清同志的一封信的指示》，对照检查区委领导干部的思想作风问题。

12 月 15 日　中共虹口区委部署全区各单位开展清查账目、物资、仓库和资金的“小四清”工作。1862 个单位的“小四清”，查出贪污盗窃、借支挪用、多吃多占、财务管理混乱等问题。

一九六五年

1月26日　中共虹口区委召开全区基层党支部书记以上干部大会，传达《中共中央关于农村社会主义教育运动中目前提出的一些问题》(又称“二十三条”)。30日前，虹口区财贸、教育卫生、街道等系统普遍传达贯彻。

2月15日　中共上海市委决定将区委第一书记和书记的职称改为书记和副书记。

3月　虹口区内各民主党派和工商联领导成员开展社会主义教育学习运动，目的是认清形势，端正方向，加强自我改造，调动为社会主义服务的积极性。

4月24日　中共虹口区委贯彻中共中央关于备战防空指示，建立虹口区人民防空委员会。

6月　唐山路上海自行车二厂改建为上海工业缝纫机厂。

7月　上海市流行乙型脑炎，虹口区突发疫情，感染迅速。7月至8月，全区有384人发病。全年发病率为47.72/10万。

8 月　按照《关于在人民群众中进行备战宣传的通知》要求，虹口区组织开展备战宣传，旨在使大家认清形势，克服和平麻痹和少数人害怕战争思想，增强备战观念。

10 月 8 日　虹口区组织 13 个卫生工作队共 139 人负责宝山县 13 个人民公社、县医院、江湾医院和大场医院的业务技术指导。11 月 19 日第一批队员下乡。

是年　虹口区精神病管理站成立。1986 年改为虹口区精神病防治院（现为虹口区精神卫生中心）。

一九六六年

4 月 25 日　虹口区第六届人大代表换届选举工作结束，共选出人大代表 432 名。因“文化大革命”运动，大会未能如期召开。

5 月 23 日　中共虹口区委接到《中国共产党中央委员会通知》即五·一六通知，当晚向区委各部、委负责人传达。

6 月 3 日　中共虹口区委召开区级机关紧急会议，要求全面开展“文化大革命”运动。

6 月 4 日　区境内各校师生声讨“三家村”(编写《三家村札记》的为邓拓、吴晗、廖沫沙 3 人)，同时针对教师的大字报也一哄而起，全区出现混乱局面。

7 月 13 日　根据中共上海市委部署，区委抽调 165 名干部，组成 13 个“文化大革命”工作组(队)进驻各中、小学，同日派工作组进驻虹口公安分局。8 月 8 日，派到各校的工作组撤出。

7 月 15 日　虹口区人民武装部、虹口公安分局、虹口区体育委员会在区委统一领导下，先后从有关单位收缴各类轻重武器 179 件。

8 月 19 日　全区各中学建立红卫兵组织。

8 月 20 日　红卫兵开始上街“破四旧”，揪斗“牛鬼蛇神”，随意更改路名、店名、校名、医院名，后发展到查抄“四类分子”“资产阶级分子”财物，冲击庙宇和教堂。

8 月 31 日　上海市第五十二中学和上海市岷山中学数百名红卫兵、造反队员冲击中共虹口区委和虹口区人民委员会机关。

8 月　中共虹口区委、虹口区人民委员会机关先后建立“文化大革命小组”。

9 月 21 日　虹口区“红卫兵总部”“红卫兵联络站”成立，红卫兵开始外出串连。

9 月　虹口区境内各中、小学停课。至 10 月底，各中小学领导干部被迫停止工作。教工 2870 人被贴大字报，719 人被诬为“牛鬼蛇神”。

9 月　虹口区成立“接待外地革命学生办公室”。先后设立 85 个接待站，接待外地师生和群众 30 余万人次，调集接待人员约 4000 人，接待经费约 48 万元。

11 月 20 日　“上海工人革命造反总司令部（简称工总司）虹口区司令部”成立。12 月 20 日分裂为“上海工总司虹口区指挥部”和“上海工总司虹口区司令部”。

11 月　中共虹口区委为防止造反派组织抢夺档案，先后两次将区委机关的全部永久文书档案和干部档案等秘密转移到塘沽路 219 号（公安大楼）地下室。

12 月　　虹口区机关内部造反组织相继出现。区委宣传部成立“捍卫毛泽东思想战斗队”（后改为“一反到底战斗队”），抢先贴出“造反宣言”。之后，团区委、区教育局等 11 个部门也成立“造反队”。

一九六七年

1 月 23 日　“区机关造反联合总部”宣称“夺得了区委、区人民委员会的领导权”。

1 月　全区中共党组织被迫停止活动。

2 月 7 日　“区机关造反联合总部”“上海工人革命造反总司令部虹口区指挥部”等在虹口体育场召开“联合夺权大会”，宣称“夺取虹口区党、政、财、文大权”“一切权力归造反派”。会后，区级党政机关被迫停止了工作。

3 月 28 日　虹口区抓革命促生产第一线指挥部建立，指挥全区工作，开展“大联合”“三结合”，筹建革命委员会（简称区革委会）。

5 月 19 日　“上海工总司虹口区联络站”以区“一线指挥部”排斥工人造反组织为借口，纠集基层“造反队”与红卫兵 200 多人，占领区机关各部门办公室，限制机关人员自由，逼迫“一线指挥部”负责人交出公章，彻底改组。

7 月 1 日　虹口区革命委员会成立。在成立大会上，声称“夺得了全区党、政、财、文大权”，实行“党政一元化”领导。

7 月　　虹口区革命委员会和各街道革命委员会相继成立，分别统管全区和街道工作。

7 月 29 日　　虹口区革命委员会成立“抓叛徒”小组（后改为材料组）。

一九六八年

1月10日　上海市文攻武卫指挥部虹口区分部成立。1970年6月改为上海民兵虹口区指挥部。1976年10月，粉碎林彪、江青反革命集团后指挥部撤销。

1月25日　中国人民解放军空军第四军对虹口公安分局、虹口区人民法院、虹口区人民检察院实行军事管制，建立上海市公检法军管会虹口区军管组。1974年1月军管组撤销。

2月16日　上海市革命委员会批准建立中共虹口区党的核心小组。

2月19日　虹口区革命委员会召开“上海市虹口区革命人民代表会议”，要求各单位“向徐汇区学习，奋战两昼夜，实现全区一片红（即大联合，三结合，建立革委会）”。至24日，326个区属单位全部建立革命委员会。

4月　虹口区党、政、群机关干部分别成立大、小两套班子。小班子为革命委员会工作班子。大班子人员搞“斗、批、改”活动。

6月3日　临潼中学教师姜福兴、团总支委员干彩英（学生）在市郊金汇港为抢救落水学生牺牲。两人均被追认为烈士，姜福兴被追认为中共正式党员。

9月6日　东海舰队党委派解放军136人组成“军宣队”进驻虹口区。

9月　上海市革命委员会派出4095名工人毛泽东思想宣传队员进驻虹口区学校、文艺、卫生单位和财贸、工交系统。1976年10月，粉碎林彪、江青反革命集团后，工宣队撤销。

10月24日　虹口区机关大班子、公检法、银行、税务局干部1390人赴长兴岛“五七”干校参加生产劳动，另有158人到“五七”干校边劳动、边接受“审查批判”。

是年　1966、1967两届高、初中毕业生集中分配，有6093人“上山下乡”。12月首批1645人去黑龙江省、云南省、江西省务农。

一九六九年

1 月 10 日　虹口区 1200 多名知识青年从东方红体育场（今虹口足球场）出发奔赴安徽上山下乡。

2 月　位于安丘路（今瑞虹路）的上海华光仪器仪表厂试制出中国第一台三元素自动分析仪。

3 月 3 日　虹口区 20 余万群众举行集会和游行，强烈抗议苏联边防军人入侵中国领土黑龙江省珍宝岛。

5 月　全区有 372 个单位的中共党组织进行整党，首批 1342 名党员 (占全区党员 29%) 恢复组织生活。

9 月　虹口区革命委员会确定机关第一批“四个面向”(工矿、农村、边疆、文教) 干部 160 人名单，其中安排到黑龙江省 36 人、学习慰问团 26 人、南京 9424 工厂 53 人、文教单位 45 人。

10 月 31 日　虹口区第二届“活学活用毛泽东思想积极分子代表会议”召开，会议评出先进集体 20 个，先进个人 11 名。

是年　在公平路码头建公平路客运站，停靠上海至青岛、大连、温州、广州等客货班轮。

是年　1968、1969两届中学毕（肄）业生及1967年前历届毕业生全部动员上山下乡去农村。1969年至1970年共上山下乡5.82万人。

是年　建成水电新村。

一九七〇年

2 月 9 日　虹口区革委会举办区属单位党组织委员和革委会常委以上干部600人学习班，传达学习中共中央关于反对贪污盗窃、投机倒把的指示精神。

2 月 11 日　虹口区成立“三反”(后称“一打三反”即打击反革命破坏活动，反对贪污盗窃，反对投机倒把，反对铺张浪费）领导小组及办公室。

2 月 23 日　虹口区革命委员会决定在已建立中共党组织的 42 个单位开展“一打三反”运动。

4 月 25 日　中国第一颗人造地球卫星“东方红一号”发射成功的消息广播后，全区有 500 多个单位近 20 万人上街游行，并到区革委会报喜。

5 月 26 日　《全世界人民团结起来，打败美国侵略者及其一切走狗！》的声明（简称《五二〇声明》）发表后，一周内全区 62 万人次上街游行，拥护《五二〇声明》的发表，支持世界人民反美斗争。

8 月 6 日　中共上海市虹口区第二次代表大会召开，选举产生中共虹口区委员至 11 日　会。中共虹口区委重建后，区委工作机构和区革委会工作机构是“两块牌子，一套班子”，实行“党政一元化领导”。

是年　虹口区在“一打三反”运动中，共清理出有“各种问题”的对象 8485 人，其中政治方面 439 人，经济方面 8046 人。

一九七一年

2 月 15 日　虹口区 10 万群众上街示威游行，拥护中国政府“2.12”声明，支援印度支那人民抗美救国斗争，声讨美国侵略罪行。

4 月 21 日　虹口区公检法军管组在东方红体育场（今虹口足球场）召开有 4 万余人参加的“坚决镇压现行反革命分子、刑事犯罪分子公判大会”。

5 月 17 日　中共虹口区委举办“批陈（伯达）整风”学习班。9 月 10 日，扩大“批陈整风”范围，分系统向下传达。

8 月 30 日　根据全国财政银行工作座谈会精神，区革委会将原区税务分局、区银行合并至区财政局，并成立合并工作领导小组。

10 月 1 日　虹口区举行庆祝国庆游园会，1.6 万军民和来自挪威、巴基斯坦、日本、毛里求斯等国的 200 余名海员参加活动。

10 月 11 日　中共虹口区委举办县团级干部学习班，传达中共中央《关于林彪叛国出逃的通知》。20 日传达到区属单位领导干部，29 日各单位传达到党员、群众。

10 月 11 日　国务院总理周恩来陪同埃塞俄比亚国皇帝海尔·塞拉西一行登上上海大厦俯瞰上海市貌。

是年　中学毕业生按照学生兄、姐工作情况确定上山下乡去向。1971—1977 年虹口区有 4.26 万人下乡。1971 年至 1993 年有 8.52 万人因实际困难陆续回沪。

一九七二年

2 月 3 日　中共虹口区委决定举办为期 10 天的县团级干部学习班，传达中共中央 4 号文件和中共上海市委扩大会议精神，批判林彪反党集团的《571 工程纪要》。3 月 10 日传达到群众。

2 月 27 日　美国总统尼克松一行登上上海大厦俯瞰上海市貌。次日，中美两国在上海签订了中美三个联合公报，确立的原则成为中美关系健康发展的政治基础。

3 月 21 日　虹口区革命委员会贯彻中共上海市委精神，解冻资本家存款，并将此精神向基层传达。

7 月 1 日　中共虹口区委召开区委委员、区属单位党组织负责人会议，纪念中国共产党诞生 51 周年，交流党建经验。洪湖中学党支部、乍浦路街道党委、区中心医院党总支等单位在会上发言。

9 月 14 日至 16 日　共青团虹口区第三次团员代表大会召开。

9 月 29 日　日本首相田中角荣一行登上上海大厦俯瞰上海市貌。

10 月 7 日　上海市下达 1972 届毕业生分配任务。虹口区 1972 届毕业生 28960 人，分配市工矿名额 12467 名，外工、市农名额 10496 名，外农名额 5000 名。

10 月 21 日　虹口区体育运动委员会成立。

11 月 6 日　虹口区民兵指挥部领导小组成立。

是年　虹口区“一打三反”运动立案 10428 人，其中定案 9608 人，未定案 820 人。

一九七三年

3 月 23 日　中共虹口区委召开常委会传达学习《中共中央关于恢复邓小平同志党组织生活、国务院副总理职务的决定》。24 日传达到县团级干部，至 4 月 12 日，向党内外群众的传达工作基本结束。

8 月 29 日　中共虹口区委常委会听取区上山下乡办公室关于 73 届毕业生分配情况汇报，并要求自始至终要加强宣传教育工作，堵塞开后门等不正之风。

9 月 10 日至 12 日　虹口区第三次妇女代表大会召开，选举 41 人为上海市虹口区妇女联合会委员、常委 9 人。

9 月 17 日　国务院总理周恩来陪同法国总统蓬皮杜登上上海大厦俯瞰上海市貌。

11 月 10 日　塞拉勒窝内总统史蒂文斯登上上海大厦俯瞰上海市貌。

12 月 12 日　中共虹口区委决定区公安分局成立党委，区法院成立党组。

12 月 28 日至 30 日　虹口区工会第一次代表大会召开，选举产生虹口区工会第一届委员会。

是年　外虹桥码头改建为国际客运站，停靠日本和我国香港等到上海的客轮。

一九七四年

2 月 28 日　中共虹口区委常委会听取地区组关于病休青年安排工作问题，同意先解决 1600 人，年内争取安排 5000 人。

2 月　“批林批孔”(批判林彪和孔子)运动在全区迅速开展。

3 月 16 日至 18 日　中共虹口区委、虹口区革命委员会举行全体会议，批判林彪的“克己复礼”，联系“阶级斗争”两条路线斗争的实际，揭露区委、区革委会在执行毛泽东革命路线和党的方针政策中的问题。

3 月 29 日至 4 月 2 日　中共虹口区委、虹口区革命委员会召开揭矛盾大会。区委、区革委会委员和各组室负责人，区属单位党组织负责人，区委工农干部读书班学员，区工会学习班人员以及全体机关干部 900 多人参加。

4 月 10 日　中共虹口区委常委会决定区工会建立党组。

5 月　虹口区首批支援西藏教育事业的教师赴藏。至 1984 年，共有 32 名教师分 5 批援藏。

6 月 6 日　四川北路拆除有轨电车铁轨、修路和升高横浜桥等工程完成。

6 月 26 日　中共虹口区委召开干部大会，交流“批林批孔”经验。

7 月 5 日　虹口区住宅建设领导小组成立。

7 月 13 日　虹口区高校招生领导小组成立。

11 月 22 日　中共虹口区委召开民兵、人防工作会议。传达国务院、中央军委有关文件和全国人民防空、城市防卫工作座谈会纪要；进一步贯彻落实毛泽东关于“备战、备荒、为人民”“深挖洞、广积粮、不称霸”指示。虹口区从 1970 年夏季开始至 1974 年 10 月，共新筑人防工事 154500 平方米。

一九七五年

1 月 14 日　江青反革命集团在上海的党羽派出一批“工人干部”到虹口区，直接控制中共虹口区委、虹口区革命委员会机关要害部门。

2 月 18 日　虹口区民兵组织介入基层保卫和治保工作。

5 月 3 日　虹口区召开青年积极分子代表会议，会议号召青年学理论、拒腐蚀、争先进。

7 月　中共虹口区委将中共中央 17 号文件和中央领导同志讲话精神，分别传达到全区干部、群众，要求全面落实毛泽东的三项指示，把国民经济搞上去。

8 月 1 日至 5 日　中共虹口区委召开常委会，学习、讨论邓小平、叶剑英在中共中央军委扩大会议上的重要讲话。

8 月 13 日　虹口区召开“热烈欢送第四人民医院部分同志调往上海石油化工厂总厂干革命”大会。第四人民医院根据区委、市卫生局、金山石化指挥部三方面协定，共派出 232 名医务人员支援上海金山石化职工医院。

11 月 20 日　虹口区革命委员会组织访问团，对全区下放户（1962 年、1969 年两次分期分批被作为城市闲散居民动员去安徽农村安家落户人员）进行全面访问。

12 月　虹口区落实宽大释放在押的原国民党县团以上党政军特人员政策，宽大释放 2 批 121 名家住虹口的原国民党县团以上党政军特人员。

> 66

一九七六年

1 月 8 日　国务院总理周恩来逝世。15 日，虹口区 130 个单位 7500 余人到中共虹口区委向周恩来遗像献花圈，寄托哀思。

2 月　中共虹口区委同意建立区体委党组。

3 月 13 日至 15 日　中共虹口区委召开党员干部大会，传达中共中央一系列文件，学习毛泽东指示，组织开展反击“右倾翻案风”的斗争。

7 月 28 日　河北省唐山市发生大地震。上海市第四人民医院、虹口区中心医院、虹口区防疫站、上海建工医院等紧急动员，先后派出 3 批医疗队支援唐山、丰南。29 日，首批医疗队员出发奔赴灾区。

9 月 9 日　中共中央主席毛泽东同志逝世。11 日至 18 日，全区有 12 万余人参加吊唁追悼活动。

10 月 14 日　中共虹口区委向区机关各部门传达中共中央打招呼会议（粉碎江青反革命集团）精神。15 日传达到全区党员、干部、群众。

10 月 22 日　中央人民广播电台广播粉碎江青反革命集团篡党夺权阴谋的喜讯，区内 11 万人上街游行祝贺。23 日，又有 14 万人走上街头，欢欣鼓舞地举行庆祝游行。

11 月 18 日　虹口区设 5 个拉线广播会场，收听中共上海市委召开的揭发批判江青反革命集团及其在上海的帮派骨干会议实况。

12 月 21 日　中共虹口区委召开区属单位党组织负责人会议，传达中共中央关于反对“四人帮”的案件处理问题通知精神。根据中央通知规定，区委建立专门班子，有关基层单位也建立专门班子，并确定专人负责开展工作。

一九七七年

2 月 3 日　虹口区公、检、法组织开展打击流氓盗窃犯罪分子的统一行动。全年共进行 4 次。

7 月 13 日　中共虹口区委对区委常委和组室领导班子中同江青反革命集团阴谋活动有牵连的 7 人进行审查。为 82 名反对江青反革命集团的人平反。

9 月 21 日　全区开展“三大讲”(大讲江青反革命集团横行时党受其害、国受其害、单位受其害、个人受其害的深仇大恨，大讲同江青反革命集团斗争的经历，大讲同江青反革命集团斗争的经验和体会)活动。

11 月 23 日　虹口区在通北路劳动广场召开揭发批判江青反革命集团罪行大会，4000 余名干部出席。

11 月 25 日　虹口区成立复查小组，复查“文化大革命”中冤假错案，至 1979 年 11 月 24 日基本结束。

11 月　华东师大一附中、复兴中学恢复为市重点中学，五十八中学、继光中学、虹口中学、北郊中学恢复为区重点中学，并增加北虹中学为区重点中学。

是年春　上海铜厂为毛主席纪念堂制成铜、铝合金门窗装饰异型材料，受到纪念堂工程指挥部表彰，并获奖状。

一九七八年

1 月 14 日　中共虹口区委开始分期分批开展整党整风运动，确定第一批单位 21 个。8 月底确定第二批单位并开始整党整风。10 月 6 日区委机关开始整党整风。这次整风运动主要是解决“四人帮”破坏造成的党组织思想不纯、组织不纯、作风不纯问题。

3 月 2 日　沪委（78）42 号文转发《虹口区委领导干部深入基层检查信访的情况简报》，在全市推广中共虹口区委坚持每半年检查一次信访工作制度等好的做法与经验。

3 月　虹口区科学大会召开。

4 月 18 日　中共虹口区委贯彻中共中央和中共上海市委关于右派分子摘帽精神，成立右派分子摘帽办公室。

5 月 16 日　中共虹口区委、虹口区革命委员会调研室成立。

5 月　虹口区撤销街道革命委员会，恢复街道办事处。

8 月 21 日　虹口区机关开展的干部清查工作基本结束。清查与林彪、江青反革命集团及其余党有牵连的人 46 名，其中说清楚的 35 名、作结论的 11 名。

10 月　　中共虹口区委对真理标准问题学习讨论做出安排。11 月向区属单位部署真理标准问题学习讨论。1979 年 8 月，按照中共上海市委宣传工作会议精神，开展真理标准问题讨论补课。

11 月 13 日　　根据中共中央《关于加强城市建设工作的意见》〔1978〕13 号文件要求，区革命委员会办公室发文通知各街道办事处，里弄组织统一改称为居民委员会。

11 月 18 日至 19 日　　虹口区第四届妇女代表大会召开。

是年　　高 76.6 米 20 层的大名饭店在东大名路 1191 号建成，为解放后区境内新建的第一幢高楼。

是年　　建成广中五村和通海新村。

是年　　区妇幼保健院医师刘雪桥研制的自动控制人工流产吸引机获上海市科学大会重大成果奖和全国科学大会贡献奖。

一九七九年

1 月 6 日至 8 日　中共虹口区委召开区属单位党组织负责人和行政 19 级以上干部 1100 余人的会议，传达学习党的十一届三中全会精神以及华国锋、邓小平、陈云等中央领导同志讲话。

1 月 9 日　虹口区工业公司建立，其与区集体事业管理局为一套班子两块牌子。

1 月　中共虹口区委召开贯彻落实中共十一届三中全会精神大会，要求把主要精力逐步转移到社会主义现代化建设上来。

2 月 4 日　上海公安局虹口分局贯彻中共中央《关于地主、富农分子摘帽问题和地富分子子女成份问题的决定》，开展对地主分子、富农分子、反革命分子、坏分子（“四类分子”）摘帽工作。至 1983 年夏，全区“四类分子”全部摘掉帽子。

2 月 19 日　虹口区机关干部业余文化学校恢复。

2 月 26 日　中共虹口区委决定撤销区建设交通局，建立区城建办公室并建立党组；撤销区商业局，建立区财贸办公室并建立党组；区民政科改建为区民政局并建立党组。

3 月 26 日　中共虹口区委决定改建区工商行政管理局，重建区人事科和区外事办公室、侨务办公室、民族宗教事务科。

5 月 10 日　上海市第一家街道办福利生产单位——虹口区东长治路街道福利工场成立。

7 月 16 日　中共虹口区委纪律检查委员会成立。

7 月　杨浦区玉田新村、宝山县江湾公社工农大队地域（今曲阳路街道的一部分）划归虹口区。

8 月 31 日　上海市第一个大型居民居住区——曲阳新村破土动工。1993 年底曲阳新村基本建成，共有高层住宅 34 幢，多层住宅 241 幢，建筑面积 91.19 平方米。曲阳新村是上海市以社区理念建设的第一个大型居住区。

9 月　中共虹口区委建立党的报告员制度。

10 月 1 日　虹口区图书馆新馆在乍浦路 245 号建成。

11 月 24 日　虹口区“文化大革命”中造成的冤假错案复查工作基本结束。全区应复查干部 4677 人，已复查 4667 人，为 99.79%，平反改正面达 77.8%；应复查的一般党员 358 人，全部复查结束，平反改正面达 62.92%；应复查的非党群众 6643 人，已复查 6624

人，为 99.7%，平反改正面达 83.9%；复查平反 14 件冤假错集团案件。

是年　四川北路被列为市级商业街。

是年　虹口区停止动员知识青年上山下乡。

一九八〇年

4月8日　虹口区革命委员会主任办公会议讨论同意区卫生局关于将虹口区第二医院改建为虹口区妇幼保健医院的报告。虹口区妇幼保健医院于1982年11月开业。

8月9日至14日　虹口区第五届政协第一次会议举行。

8月11日至16日　虹口区第七届人民代表大会第一次会议举行。会议决定撤销区革命委员会，建立区人大常务委员会和区人民政府。

10月29日　中共虹口区委会讨论通过《中共虹口区委、区人大常委会、区人民政府、区政协关于领导干部改进思想作风的若干规定》。

是年　建成远洋新村。

是年　太平路航运码头国际客运站恢复上海至香港定期客班。

一九八一年

1 月 29 日　中共虹口区委成立对台工作小组。

6 月 12 日　虹口区少体校输送国家队的史美琴获 1981 年世界杯女子三米跳板跳水冠军。

7 月 21 日　虹口区科学技术委员会成立。

12 月 1 日　上海市第一家待业青年办的菜场——虹口区曲阳知青菜场正式开张营业。

下半年　各街道相继建立信访工作联席会议制度。至 1983 年形成区、街道、里弄三级联席会议网络。

是年　虹口区人民政府建立司法科。成立区法律顾问处。各街道办事处配备司法助理员，建立了 2859 人组成的里弄调解队伍。

一九八二年

2月5日　中共虹口区委讨论决定区财贸办、区城建办、区教育局、区卫生局、区集体事业管理局党组改为党委。

2月27日　中共虹口区委成立中共虹口区委党史资料征集小组。

3月10日　中国共产主义青年团虹口区团校建立。

7月1日　中共虹口区委、虹口区人民政府按照中共中央、国务院第三次全国人口普查要求，组织力量开展人口普查。统计至1982年7月1日零时，全区常住人口205628户，779486人（其中男392851人、女386635人），人口密度为5.91万人/平方公里。全区共有15个民族。

7月2日　上海首座中型城市污水处理厂——曲阳污水处理厂动工建设。1984年12月建成，日处理污水7.5万立方米。

7月　中国致公党虹口区小组成立。1984年10月建立支部。1992年12月成立区第一届总支委员会。

12 月 10 日　中共虹口区委政法委员会成立。

12 月 13 日至 16 日　共青团虹口区第四次代表大会召开。

12 月　虹口区科协第二次代表大会召开。

一九八三年

2月21日　中央军委主席邓小平视察曲阳新村知青菜场、商场和酒家，访问大连西路250弄22号103室居民姚凤兰家，留下“你们生活得好，我就高兴”的嘱托。

3月1日　上海市第一个区公证处——虹口区公证处正式挂牌对外办公。

5月27日　虹口区教师进修学院定为师专建制，改名上海市虹口区教育学院。

7月2日　虹口区体委和区教育局联合召开大会，祝贺曹燕华获第三十七届世界乒乓球锦标赛女子单打冠军。

8月6日　上海市第一个区妇联法律顾问小组——虹口区妇联法律顾问小组成立。

8月19日　根据中共中央的决策和全国人大常委会的决定，在中共上海市委统一领导下，虹口区开展严厉打击严重刑事犯罪分子斗争。

8月29日　四平路拓宽改造工程完工。

9 月 18 日　第五届全运会在上海举行。虹口区承担田径、足球两个竞赛委员会工作。虹口体育场为主赛场之一。

9 月 28 日　虹口区学生联合会成立。

9 月　上海市旧房改造“七年规划”23 片之一的蒋家桥住宅建设工程开工，建筑面积 5.89 万平方米，1988 年竣工。

10 月 30 日　中共虹口区委向中共上海市委汇报清理“三种人”和干部考察工作情况。1980 年以来，全区考察了解县团级干部 69 名、科级干部 143 名、一般干部 1897 名。经党组织审查，确定犯有一般错误的 19 人、严重错误的 85 人。1984 年整党期间审查并经组织核准“文革”“三种人”有 6 名，分别给予了党纪和政纪处理。

11 月 29 日　根据中共上海市委部署，中共虹口区委决定成立区整党办公室，并确定第一批接受整党的部门为区委机关、区工会、区妇联、团区委、区科协。

12 月 1 日　根据党的十二届二中全会通过的《中共中央关于整党的决定》，中共虹口区委决定分两期五批开始整党。1985 年 2 月 25 日，第一期第一批整党工作基本结束。1987 年 7 月 15 日，历时 3 年 8 个月的整党工作基本完成。参加整党的党员共 16891 名，其中在职 9281 名，离退休 7610 名。对犯错误和不合格党员进行了组织处理，开除党籍 8 人，不予登记 16 人，缓期登记 62 人，受到各种党纪处分 50 人。

12 月 10 日至 12 日　虹口区第五届妇女代表大会召开。

一九八四年

1月　虹口区改组街道工业管理体制，各街道工厂划归区集体事业管理局管辖。

1月　提篮桥人行立交桥建成。

3月12日至17日　虹口区第八届人民代表大会第一次会议举行。

3月13日至18日　虹口区第六届政协第一次会议举行。

3月　九龙路与峨嵋路之间久耕里、寿椿里棚户简屋，以统筹资金办法动迁改造。12月14日举行开工典礼。1991年10月建成，建筑面积8.28万平方米，定名久耕里。

6月1日　上海市级商业中心南京路、淮海路、四川北路等5条主要马路773家商店开设夜市，营业时间延长至晚上9点，为上海解放以来首次开放夜市。

6月5日　中共上海市虹口区人民政府党组、中共上海市虹口区人大常委会党组、中共上海市虹口区政协党组成立。撤销区教育局党委和区卫生局党委，建立区委教育卫生工作部。

6 月 20 日　上海市四平路改建规划实施审议会议在虹口区召开。会议批准改建规划，同意建立虹口区四平开发经营公司。7 月 7 日，上海市四平开发经营公司成立。公司为区政府直属全民所有制企业，是实行独立核算自负盈亏的经济实体。8 月 16 日，四平开发经营公司召开成立大会。

8 月 15 日　宝山县江湾镇整建制、五角场镇两个居委会总面积共 10.7 平方公里划归虹口区。

9 月 11 日　虹口区个体劳动者协会成立并召开第一次代表大会，通过了《虹口区个体劳动者协会章程》。

9 月 11 日　中共虹口区委、虹口区人民政府决定成立虹口区物价局。

9 月 12 日　虹口区审计局成立。

9 月 14 日　大连西路四平路人行立交天桥建成。

9 月 26 日　中共虹口区委决定成立区委党史资料征集办公室。翌年 9 月 3 日中共虹口区委党史资料征集办公室成立。2016 年 6 月 30 日，改称中共上海市虹口区委党史办公室。

9 月　中共虹口区委决定区人事科、区文化科、区司法科、区宗教民族华侨事务科改为局。

10 月 1 日　虹口区庆祝建国 35 周年游园会在虹口公园举行。

10 月 7 日　8000 名中日青年在虹口公园举行中日青年友好联欢游园活动。

10 月　虹口区和河北省邢台市结为友好市区。

11 月 2 日　虹口区信访领导小组和区委、区政府联合信访办公室建立。区委、区政府联合信访办公室是上海市第一个联合信访办公室。

11 月　虹口区和湖南省长沙市结为友好市区。

12 月　虹口区和辽宁省阜新市结为友好市区。

是年　虹口区人才交流服务中心成立。

是年　虹口区创办第一家民营科技企业。

一九八五年

2 月 25 日　虹口区职业技术教育中心成立。区内有南湖、统计、长白、虹临、延风、沙泾和江湾 7 所职业技术学校。

3 月 29 日　中共虹口区委老干部局成立。

3 月 29 日　虹口区民政局与虹口区人武部在同心路街道共建虹口区第一所敬老院。

4 月　区境内首家中外合作企业——上海喜临门大酒店经市外经贸委批准建立。

5 月 23 日　中共上海市委书记胡立教到区第一工人俱乐部视察。

5 月 27 日　李白烈士浮雕落成仪式在黄渡路 107 弄 15 号李白烈士故居举行。1987 年 5 月，由陈云题额的李白烈士故居对外开放。

5 月 29 日　上海市人民政府批复同意建立大八寺街道。1988 年 8 月改名为运光新村街道。

6月　　中共上海市虹口区委纪律检查委员会改称中共上海市虹口区纪律检查委员会，成为区级领导机构，接受市纪委和区委双重领导。

6月　　中日定期航班开辟，“鉴真”轮从外虹桥码头首航日本神户。

8月22日　　曲阳集市开张，为集国家、集体、个体一道经营的室内农副产品市场。

9月6日　　公安虹口分局开始向全区居民发放身份证。

9月9日　　虹口区举行首届教师节大会，向“园丁奖”“园丁鼓励奖”获得者及30年教龄教师颁发奖状、证书。

10月29日　　中共上海市委书记芮杏文到虹口区视察工作。

10月　　虹口区台属联谊会成立。

11月1日　　中共虹口区委决定建立档案局，21日虹口区档案局正式成立。

12月24日　　上海市首座装配式车行立交桥西体育会路车行立交桥建成，主桥长288米。

是年　　虹口区中心医院脉管病专科奚九一医师用中西医结合治疗脉管炎获卫生部乙级重大科技成果奖。

是年　　建成海虹新村和益海新村。

是年　　虹口区政府首次批准三资项目 1 个，协议引进外资 2857.5 万美元。

一九八六年

1月14日　上海市长江泽民到虹口区检查工作，并视察大连西路、四平路人行立交天桥和曲阳新村托儿所、商场、菜场及四平开发经营公司。

1月16日　虹口区第一次归侨、侨眷代表会议召开，虹口区归国华侨联合会成立。

4月3日　中共虹口区委印发《关于党风责任制试行规定》。

4月23日　虹口区首家社区文化协会在虹镇街道成立。

7月25日　中共虹口区委决定成立虹口区对台工作领导小组。

7月29日　虹口区建立上海市虹口区计划经济委员会，下设协作科（对外称区经济协作办公室）。

8月5日至7日　中共虹口区第三次代表大会召开。大会确定虹口区“七五”（1986—1990年）期间经济和社会发展的奋斗目标与主要任务。

8月12日　上海市长江泽民到横浜桥地段医院慰问医务人员。

8 月　全国第一家货运汽车双层停车场在东大名路 959 号（上运五场）建成启用。

9 月 21 日　上海市第八届运动会在虹口体育场开幕。

9 月 29 日　虹口区改造四川北路领导小组成立。

11 月 6 日　虹口区第一次灯光夜市在四川北路举办。沿线商店展示“优、廉、新、便”特色，至 10 日结束，营业额逾 110 万元。

12 月　虹口区科协第三次代表大会召开。

是年　虹口区工商局企业登记管理科获全国先进集体称号。

是年　建成运光新村、丰镇新村。

一九八七年

1月2日　虹口区政府开通群众监督电话，并建立记录、查办制度。

2月3日　中共虹口区委组成落实知识分子政策检查组，5日至14日对区属27个单位进行了检查。

2月16日　四川北路、长治路、提篮桥地区、虹口公园地区被命名为市级文明街。

2月18日至20日　上海市在虹口区召开现场会，推广交流三角地菜场10条价格管理经验。

2月　虹口区劳动争议仲裁委员会成立。

3月5日　中共虹口区委印发《关于“七五”期间社会主义精神文明建设的实施规划》。

4月15日　上海市审计事务所虹口分所成立。

4月20日至22日　共青团虹口区第五次代表大会召开。

5月18日至23日　虹口区第七届政协第一次会议举行。

5月18日至24日　虹口区第九届人民代表大会第一次会议举行。

6月　天鹅信谊宾馆在东江湾路111号建成。

7月15日　中共虹口区委印发《虹口区整党工作总结和进一步加强党的建设的意见》。

7月27日　全国第一家街道优抚园——欧阳路街道优抚园在天宝西路241弄27号建成开放。

9月3日　中共上海市委书记江泽民视察位于周家嘴路959号的上海跃进电机厂。

9月18日　虹口区青少年保护委员会成立。

10月24日　曲阳图书馆在曲阳路574号建成开馆。

12月1日　凉城新村街道成立，并相应建立街道党委、办事处和公安派出所等机构。

12 月 15 日至 19 日　山东省淄博市政府代表团访问虹口区，双方结为友好市区。

12 月 18 日　虹口区社会福利院在密云路 623 号落成开张。

一九八八年

1 月 8 日　虹口区第一家城市信用社——茂林信用社开业。其性质是在中国人民银行领导下，以城镇集体经济、个体经济为主要服务对象，实行自主经营、自负盈亏的股份制合作金融机构。

1 月 12 日　虹口区监察局成立。

1 月 12 日　虹口区社会主义学校恢复，改名虹口区社会主义学院。

1 月 19 日　上海市因居民食用带有甲肝病毒的毛蚶引起甲型肝炎大流行。虹口区即日起肝炎患者骤增，全年发病 38931 例。区政府成立肝炎防治领导小组，全区调集 4000 多名医务人员，增设隔离点 127 个、肝炎病床 12575 张、家庭病床 18363 张。3 月疫情得到控制。

3 月 3 日　虹口区进行财政体制改革，实行“核定收支基数，包干上缴，增收分成，一定五年”的财政管理体制。

3 月 21 日至 23 日　虹口区第六次妇女代表大会召开。

4 月 21 日　虹口区教育局创办的第一家校办企业——临潼旅馆正式开张。

5 月 16 日　虹口区大中型商业企业首次签订承包合同。第一批 18 家企业分别与区财政局和主管公司签约 3 年或 5 年。18 日，区集体事业管理局在区第二工人俱乐部举行集体工业承包签字仪式。区集管局、5 个工业公司与所属企业厂长分别签订承包合同。

7 月 12 日　上海市长朱镕基视察虹口区。

8 月 4 日　上海市长朱镕基到九龙路垃圾转运码头慰问工人，并视察虹口区工作。

8 月 16 日　四平开发经营总公司和香港亿利发展有限公司合资经营的时代房产发展有限公司成立，引进外资改造旧城区。

8 月 27 日　虹口区在全市率先成立国防教育训练中心，中心设在高阳路上的继光中学。

9 月 9 日　区属友谊箱包厂和日本 ACE 株式会社、ACE 箱包株式会社签约，建立虹口区第一家中外合资企业——上海爱思旅行用品有限公司。

9 月 12 日　中国台湾巴拿马籍“昌瑞”号客轮首航来沪，靠泊东大名路上海港国际客运码头。至年底，客轮来沪 12 航次，接送旅客 1136 人次。

9 月 15 日　“恒源当铺”在南浔路 203 号开业。为改革开放后上海市第一家当铺。

9 月 20 日　虹口区房产开发经营公司、上海东南对外房产发展公司和香港景源实业公司合资成立上海东方房产投资发展公司。

10 月 19 日　虹口公园改名为鲁迅公园。

11 月 17 日　提篮桥街道台属许松林获台湾地区当局第一号“入台旅行证”，赴台奔父丧。

11 月 19 日　远洋宾馆在东大名路 1171 号建成开业，顶层设有上海第一家旋转餐厅。

11 月 30 日　曲阳文化馆在曲阳路 570 号建成开馆。1990 年被评为“全国先进文化馆”。1992 年，成为上海首家不享受国家补贴的文化馆。

11 月　共青团虹口区委开始向全区共青团员颁发团员证。

12 月 1 日　全国工会系统创办的第一家职业介绍所——上海市总工会虹口区职业介绍所（后改名虹口区总工会职业介绍所）成立。

12 月 24 日　虹口区被评为全国“游泳之乡”。

是年　区属企业开始改革固定工制度。1993 年全区推行以全员劳动合同制为主的固定工制度改革，521 家国有、集体企业与 2.12 万名职工签订全员劳动合同。

是年　虹口区成立对外贸易经济委员会，制定《三资企业管理暂行规定》。

是年　大八寺改名大柏树。大八寺，是一侵华日军陆军军官的名字。该日军在上海战场被中国军队击毙，日军把阵亡地及附近称为大八寺。1988 年《虹口报》记者龙刚根据市民反映做了调查。上海市地名办公室据此对大八寺地名做了修改，改为大柏树。此地域涉及虹口曲阳、江湾镇和杨浦五角场交界地区。

是年　24 岁待业青年钱进，率先在乍浦路 316 至 318 号开设“蒙利酒楼”。至 1993 年乍浦路拥有各类餐厅、酒楼 108 家，被誉为乍浦路美食街。

是年　上海低压电器四厂盲人赵继红获第八届伤残人奥林匹克运动会两项短跑项目金牌。

是年　在虹口区登记注册的私营企业 2 户，投资者 6 人，雇工 22 人，注册资金 30 万元，年产销售额 88 万元。

一九八九年

3 月 2 日　虹口区人民政府举行新闻发布会，命名区商业系统首批名特企业 44 家。

3 月 16 日　日本太极拳代表团 70 余人到虹口区进行太极拳交流活动。200 余名中日太极拳选手在鲁迅公园参加拳操表演。

4 月 1 日　上海市统一开展外来人口普查工作。虹口区实有外来人口 73759 人。

4 月 1 日　虹口公证处开办涉外公证业务，办理申请人户籍在虹口区的涉外民事公证和涉外经济公证。

4 月 9 日　虹口区召开大会，表彰叶冲获第 40 届世界青年击剑锦标赛男子花剑冠军。

4 月 13 日　上海市中小学体育五项指标评比中，虹口区以总分 49.5 分获第一名，为 1984 年以来第 6 次夺魁。

5 月 27 日　宋振中（小萝卜头）烈士铜像揭幕仪式在昆山公园举行。1998 年 12 月 11 日，宋振中塑像迁至欧阳路 67 号区青少年活动中心。

5月 18所区属完全中学调整为11所，其中7所为市、区重点中学；其他区属中学则改为初级中学。

6月8日 虹口区海外联谊会成立。

7月28日 虹口区人民法院开庭公开审理上海市首家集体企业破产案，宣告上海新光五金厂破产。

8月2日 下海庙恢复佛教活动。1991年1月正式对外开放。

8月7日 中共虹口区委召开机关各部门、街道（镇）主要负责人会议，部署反贪污、反受贿、惩治腐败工作。至10月30日，全区有81人到区人民检察院自首。

8月8日 虹口区消费者协会成立。

8月 上海锦乐服装厂和香港亚洲贸易公司、日本大荣既制服株式会社、日本垣内株式会社合资设立上海康培尔服装有限公司。

8月 上海良代有线电视公司在曲阳路500号成立。

9月12日 虹口区召开首届科技工作会议。

9月 《上海市虹口区地名志》出版。

10月12日 上海市长朱镕基视察曲阳新村。

10月19日　中国左翼作家联盟成立大会会址纪念馆落成仪式在多伦路145号举行。

10月27日　虹口区残疾人联合会成立。

11月　虹口区设立区法制办公室。

12月20日至22日　共青团虹口区第六次代表大会召开。

一九九〇年

1月16日至19日　中共虹口区第四次代表大会召开。

1月　虹口区开始调整四川北路商业网点，巩固提高南段，逐步调整中段，重点发展北段。当年发放贷款360万元，调整网点44家，扩大23家名特企业经营规模，净增销售额3亿元。

3月28日　区属曲阳医院建成开业。

4月5日　虹口区科学技术协会现代制造技术协会会员、上海华光工具厂总工程师、全国劳动模范黄旭初发明的CZB6302超高压电动油泵，在第十八届日内瓦国际新发明与新技术展览会上参展，获得金奖。

4月9日至14日　虹口区第八届政协第一次会议举行。

4月10日至17日　虹口区第十届人民代表大会第一次会议举行。

5 月 2 日　虹口区计划生育委员会成立。

5 月 22 日　虹口区社区教育委员会成立，下设社区教育办公室与青保办合署办公。

7 月 1 日　上海市统一开展第四次人口普查登记工作。虹口区有 272316 户，879658 人，其中常住人口 842924 人。

7 月 2 日　虹口区建设委员会、市政管理委员会、建设局、环境卫生管理局、房地产管理局、土地规划局、环境保护局成立大会召开。

8 月 10 日　“世界卫生组织（WHO）中国上海市虹口区城市初级卫生保健发展合作中心”建立。10 月 9 日举行揭牌仪式。

8 月 13 日　上海市长朱镕基视察吴淞路闸桥工程进展情况。

9 月 14 日至 10 月 31 日　“上海—自贡’90 金秋艺术灯会”在鲁迅公园举办，观众累计 300 余万人次，其中外宾 4000 余人次。灯会期间四川北路开设灯光夜市。

9 月 27 日　上海市长朱镕基视察四川北路夜市、鲁迅公园灯会安全保卫工作。

10 月 25 日　位于海伦路 504 号的沈尹默故居对外开放。

11 月 14 日至 16 日　虹口区工会第一次代表大会召开，虹口区总工会成立。

11 月 26 日　上海证券交易所在黄浦路 15 号浦江饭店成立。为中华人民共和国成立以来在大陆开业的第一家证券交易所。

12 月 26 日　虹口区和江苏省无锡县结为友好区县。

12 月 26 日　中共虹口区委印发《关于加强和改善党对工会、共青团、妇联工作领导的意见》。

是年　虹口区人民政府组织完成的《虹口区商业发展规划研究报告》，获市重大科技成果奖。

是年　筑凉城路。

一九九一年

2 月 1 日　中共虹口区委印发《关于加强统一战线工作，坚持和完善中国共产党领导的多党合作和政治协商制度的实施意见》。

2 月 26 日　中共上海市委书记、市长朱镕基视察四平路、东余杭路唐山里棚户区，提出“三个一点”（国家、单位、个人各出一点资金）改造棚户简屋的办法。1992 年，唐山里危棚简屋按照“三个一点”方案集资改造，1996 年建成 43000 多平方米的全新住宅楼区“唐山新苑”。

3 月 17 日　上海“四方杯”市民马拉松赛暨迎春长跑在虹口区举行，日本、美国等国和国内共 6000 多名运动员参加。

4 月 11 日　虹口区业余大学与法国文化中心联合开办法语培训中心签字仪式举行。

4 月 30 日　吴淞路闸桥建成通车，主桥长 142.67 米，宽 18.5 米，双向四车道，闸门宽 60 米，为全国最大的防汛防潮闸。

5 月 22 日　虹口区将 17 个街道办事处调整为 14 个街道办事处。

6月　　蛀口区科协第四次代表大会召开。

7月　　虹口区人民法院成立少年刑事案件审判庭。1992年在上海市率先设立“缓刑指导员”制度，试行“暂缓判刑”。

10月10日　　上海市长黄菊视察吴淞路拓宽二期工程嘉兴路桥工地。

11月16日　　虹口体育馆建成开馆。

是年　　中共虹口区委、虹口区人民政府制定《关于虹口区实施第二个五年法制宣传教育规划》，虹口区人大常委会作出《在全区深入开展第二个五年法制宣传教育的决议》。

是年　　中共虹口区委、虹口区人民政府提出发展区域经济模式，在全市首次设立外地企业奖励基金。

是年　　完成《虹口区经济和社会发展十年规划及“八五”计划纲要》编制。

一九九二年

1 月 17 日　四川北路南仁智地块批租，为四川北路上的第一块批租地块。

2 月 10 日　外白渡桥至外滩的无轨电车架空线路被拆除，外滩与虹口之间 84 年历史的无轨电车交通结束。

3 月 8 日　虹口区承包的太浦河 2.9 公里绿化工程圆满完成。

3 月 10 日　虹口区首次有偿转让溧阳路 1084 弄 2025 平方米地块土地使用权，受让方东方房地产投资发展有限公司在此新建东方龙邸大厦。

3 月 15 日　第十二届上海“雪菲力杯”国际马拉松赛在虹口体育馆附近的曲阳路口鸣枪起跑。

3 月 25 日　上海爱思旅行用品有限公司二期工程落成典礼举行。

3 月 30 日　虹口区对外经济委员会成立。

3 月　虹口区社会治安综合治理委员会成立，下设办公室。

4月3日　虹口区被上海市绿化委员会、市园林局评为1991年度绿化优胜达标区。

4月9日　国际商厦（海宁路358号）开工典礼新闻发布会举行。

4月13日　虹口区成立建设指挥部，统一领导全区各项建设开发项目。

4月14日　中共上海市委书记吴邦国到虹口区考察经济工作情况。

5月2日　虹口区投资管理公司成立。

5月28日　上海市长黄菊到虹口区视察旧区改造工作。

5月30日　虹口区十届人大三次会议通过《关于依法治区的决议》。

6月6日　虹口区闭路电视《虹口新闻》正式开播。

6月6日　下海庙举行佛像开光暨昌修住持送座典礼。

6月11日　虹口区教育学院实验中学与上海京剧院和上海戏剧学院签约，成为上海首家京剧特色中学。

7月3日　溧阳路雨水泵站建成并开通运行。

7月4日　上海四平开发经营总公司与上海海上安全监督局签订协议，共同建造上海海上搜救中心业务楼。

7月16日　国际电影院被上海市电影局评为“三星级电影院”并举行挂牌仪式。

8月28日　虹口区工商行政管理咨询事务所成立，为全市工商行政管理系统首家具有法人资格、为企业服务的咨询机构。

8月　虹口区人民检察院在全市率先成立集批捕、起诉、监所工作于一体独立建制的未成年人检察科，将惩治犯罪与教育、感化、挽救未成年罪犯结合起来。

9月7日　吴淞路拓宽工程竣工，路宽28米。33米宽嘉兴路桥同步建成。

9月12日　四川北路商业街街标揭标仪式举行。

9月14日　“92上海·大同金秋彩灯会”在鲁迅公园开幕。

10月8日　上海市内环线工程建设指挥部虹口区分指挥部成立。

10月28日　上海商务中心在大柏树地区动工兴建。

10月　虹口区外商投资服务中心成立。工商、税务、规划土地、劳动、环保、消防、卫生防疫、计划等部门协同为非区属企业办合资、外商投资项目实行“一站式”审批、“一条龙”服务。

12月19日　虹口区被评为“全国城市基层计划生育工作先进集体”。

12 月 28 日　多伦商厦（四川北路 1885 号）举行开工奠基仪式。

12 月 28 日　虹口区人力资源开发调节中心和虹口区职业介绍所成立。

12 月 29 日　以色列总统哈依姆·海尔佐克及夫人一行参观长阳路 62 号摩西会堂旧址。

12 月 30 日　虹口区在曲阳文化馆影剧场举行人民警察授衔仪式。

是年　虹口区被评为全国首批“武术之乡”。

是年　江湾镇仁德新村建成。

是年　组建叶大昌集团。

一九九三年

1 月 8 日　虹口区精神文明建设活动委员会召开区首批文明小区命名表彰大会。

2 月 2 日　虹口区集管局下属飞达电讯仪器厂、东方电池外壳厂等 4 家单位进行关闭试点。

2 月 8 日　民进虹口区委主办创建上海市首家民办小学、初中全日制寄宿制民办白玉兰学校。2005 年，白玉兰学校停止小学部招生，与白玉兰高级中学合并，更名为上海市民办白玉兰中学。

3 月 1 日　虹口区牙病防治所和美国加州太平洋健康联合中心合作，共同投资 108 万美元，建立上海太平洋口腔医院。

3 月 1 日至 5 日　中共虹口区第五次代表大会召开。

3 月 10 日　内环线工程虹口区段举行开工典礼。12 月 17 日工程竣工。

3 月 16 日　虹口区批租东大名路 81 街坊汇山里 8889 平方米地块。

3月26日　虹口区批租四平路174街坊4458平方米95号地块和溧阳路166街坊6358平方米175号地块。

3月30日　提篮桥港口市场建成开张。

4月1日　中共中央党校函授学院虹口辅导站开办以来的首届本科班举行毕业典礼。

4月1日　城镇居民食用粮取消凭票、凭证、定点供应办法，实行敞开供应。

4月1日　虹口区制订《虹口区外商投资企业管理暂行办法》。

4月18日至23日　虹口区第九届政协第一次会议举行。

4月20日至26日　虹口区第十一届人民代表大会第一次会议举行。

4月27日　上海市第七百货商店被评为1992年度全国零售企业最佳效益商店。

5月5日至9日　虹口区举办“’93乍浦路美食节”。

5月7日　首届东亚运动会火炬传递到达终点——上海市虹口区。

5 月 9 日　首届东亚运动会在虹口体育场开幕。国家主席江泽民、国际奥林匹克运动委员会主席萨马兰奇出席开幕式。

5 月 20 日至 22 日　虹口区第七次妇女代表大会召开。

5 月　虹口区监察局改为虹口区监察委员会，与虹口区纪律检查委员会合署办公。

6 月 8 日　福德商务中心（四川北路 1688 号）开工奠基。

6 月 10 日至 12 日　共青团虹口区第七次代表大会召开。

6 月 15 日　鲁迅公园辟“梅园”，建“梅亭”，竖“尹奉吉义举现场 1932.4.29”纪念碑，纪念韩国反日义士尹奉吉。

7 月 20 日　江湾镇市河整治工程竣工。

8 月 12 日至 21 日　第三届万宝路杯国际足球赛在虹口体育场举行。

8 月 19 日　根据中共中央的决策和全国人大常委会的决定，虹口区开展严厉打击刑事犯罪分子斗争。

9 月 18 日　位于四川北路塘沽路口的上海远东电器商厦开业。

9月28日　中共虹口区委、虹口区人民政府在胜利电影院为首批获得区政府特殊津贴的11名优秀专业技术人员举行颁证仪式。

9月28日　虹口区巡警大队成立。

10月14日　以色列总理伊扎克·拉宾一行85人参观摩西会堂旧址。

11月22日　《虹口报》(试刊)第一期出版发行。

12月9日　曲阳新村街道办事处和运光新村街道办事处撤销，建立曲阳路街道办事处。

12月14日　第一个由区人民政府直接组织建造的居民住宅群——虹口区凉城新村锦苑小区竣工。

12月28日　九龙路垃圾码头竣工验收。

是年　四川北路商业街已发展成为中高档结合、专特为主、面向工薪阶层、坚持薄利多销、全市著名的市级商业街，营业额逾30亿元，居上海市商业街第二位。

一九九四年

1 月 12 日　虹口区四川北路开发建设总指挥部成立，开始对四川北路商业街进行全面改造。

1 月 18 日　虹口区第四次科技工作会议召开。

1 月 19 日　上海市长黄菊率市有关部门领导到虹口区调研区经济功能定位等问题，要求抓好四川北路的改造，抓紧大柏树内贸中心的建设，把虹口区建成上海市北面最大商业区。

2 月 18 日　三角地菜场获 1993 年度全国集体商业优秀企业称号。

2 月 26 日　虹口有线电视中心正式开播。

2 月 28 日　福海商业中心举行奠基仪式。福海商业中心位于四川北路、武进路口，总建筑面积 5.7 万平方米，高 30 层。

3 月 7 日　虹口区经济体制改革办公室成立。

3 月 23 日　虹口区召开体制改革工作会议，会议要求处理好三个关系：改革发展与稳定的关系；固有资产的保值、增值与群众利益的关系；法人所有权与经营权的关系。

3 月 26 日　虹口区首家企业集团——上海东方箱包（集团）公司成立。

3 月 27 日　韩国总统金泳三到鲁迅公园参观梅亭和尹奉吉纪念碑。

4 月 16 日　虹口区军地两用人才培训中心成立暨新港路街道基地揭牌仪式在虹临职业技术学校举行。

4 月 19 日　“二战期间犹太难民居住区”说明牌揭牌仪式在霍山公园举行。

4 月 20 日　“’94 虹口投资招商会”在虹口体育馆举行，并宣布鼓励发展区域经济的优惠政策。1500 人参加洽谈、咨询，10 个项目签订合同协议书，合作投资金额 3.5 亿元。

4 月 26 日　中共上海市虹口区私营企业协会党总支、虹口区私营企业协会成立。

5 月 3 日　虹口区爱国主义教育基地命名揭牌仪式在鲁迅纪念馆举行。首批命名的基地有鲁迅纪念馆（含鲁迅墓、鲁迅塑像、鲁迅故居）、李白烈士故居、昆山儿童公园“小萝卜头”宋振中塑像、凉城锦苑小区。

5 月 5 日至 12 日　虹口区代表团赴湖北省襄樊市考察，与襄樊市签订《友好市区协议书》。

5 月 16 日　虹口区被国家民政部评为“全国民政工作先进区”。

5 月 17 日　上海市公安局虹口分局破获上海市解放以来最大的一起贩毒团伙案，缴获海洛因 4690 克。

5 月 18 日　虹口区外商投资企业协会成立。

5 月 22 日至 31 日　’94 第四届“万宝路”杯国际足球比赛在虹口体育场举行。

5 月 23 日　大祥食品（集团）公司、上海亚东物资（集团）公司、上海远东电器商厦（集团）公司成立。

5 月 26 日　虹口区人民检察院、虹口区人民法院和公安虹口分局共同建立的“上海市虹口区青少年教育保护中心”挂牌。

5 月 27 日　虹口区召开对外招商会，推出 15 幅批租地块、15 幅外资内销商品房建设地块。

5 月 27 日　虹口区与山东省潍坊市结为友好市区签约仪式举行。

5 月 28 日至 29 日　“’94 虹口区对外招商会”举行，其间，6 个项目签订合同，7 个项目签订合作意向书，协议利用外资逾 2 亿美元。

5 月 31 日　上海市儿童世界基金会虹口区艺术幼儿园挂牌成立。

6月18日　虹口区第一家合作制律师事务所——上海市龙光律师事务所挂牌成立。

6月28日　中共中央政治局委员、上海市委书记吴邦国到虹口区调研，指导工作。

7月5日　中共虹口区委与上海大学党委签订“携手共育跨世纪人才合作协议”。

7月8日　上海市政府实事工程——武进路排水泵站竣工通水。

7月15日　加拿大SRT通信公司在沪第一家独资企业“上海爱斯乐通信设备有限公司”在虹口区建立。

7月20日　虹口区被中共上海市委、市人民政府、上海警备区命名为“上海市拥军优属、拥政爱民模范区”。

7月22日　虹口区被国家民政部、解放军总政治部授予“全国双拥模范城”称号。

8月16日　上海四平开发经营总公司成立10周年暨上海四平开发经营（集团）有限公司揭牌仪式举行。

8月18日　上海市台湾同胞投资企业协会虹口区工作委员会成立。

8月26日　上海市第一家以待业青年为主的民办大型综合性贸易货栈“公平

贸易货栈”开张营业。

9 月 8 日　三角地总公司与河南省大正物业总公司共同建造的三角地广场奠基仪式在三角地菜场改造基地举行。

9 月 10 日　大柏树科技经济促进会成立。

9 月 14 日　虹口区国有资产经营有限公司成立。

9 月 28 日　虹口区国家税务局成立。

9 月 30 日　中共虹口区委、虹口区人民政府在曲阳文化馆影剧场召开虹口区改革开放标兵表彰大会，向 10 个单位和 10 名个人颁奖。

9 月 30 日　王孝和烈士塑像落成揭幕仪式在上海市提篮桥监狱内王孝和就义地举行。

11 月 20 日　上海舒天（集团）公司成立。

11 月 22 日　上海市市中心第一家建设工程质量测试单位——上海市建设工程质量检测中心虹口分中心正式成立。

11 月 24 日　“’94 世界线操纵航空模型锦标赛”开幕式在虹口体育场举行。

12 月 27 日　上海集力劳动服务有限公司建立，隶属区工业总公司。

12 月 28 日　凉城新村街道地段医院破土动工。

12 月　上海市内环高架路全线通车。虹口区段为中山北路西宝兴路到中山北二路密云路，全长 4.2 公里。

一九九五年

1 月 10 日　上海市文物管理委员会在东宝兴路 254 弄 28 支弄底竖立“中国共产党第四次全国代表大会遗址”花岗岩石碑。

1 月 10 日　中共虹口区委机关报《虹口报》正式出版发行。

1 月 12 日　中共上海市委书记黄菊看望环卫系统劳模、原虹口区环卫所二分所泾东清洁班班长杨玉兰。

1 月 23 日　中共虹口区委印发《中共虹口区委 1995—1997 年党的建设工作规划》。

2 月 21 日　虹口区举行四川北路市政基础设施改造工程开工典礼。同年 9 月 28 日竣工通车。

2 月 24 日　虹口区召开大会，表彰奖励 1994 年度为区域经济作出突出贡献的 83 家非区属企业。

4 月 17 日　虹口区被国家文化部、人事部授予“全国文化模范区”称号。

5月5日　虹口区出资1300万元建造的朱屺瞻艺术馆落成典礼举行，“朱屺瞻百又五岁画展”开幕式同时举行。该馆位于欧阳路580号。

5月25日　上海市国家安全局虹口分局成立。

6月1日　凉城公园建成开放。

5月29日　澄衷中学校友、香港乐声电器集团公司董事长李达三先生捐资人民币330万元、虹口区人民政府投资人民币1000万元共同兴建的“李达三楼”开工典礼举行。

7月1日　虹口区全区有3.43万人开始享受每人每月15元实物帮困，占全区总人口4.18%。

7月9日　虹口区工业总公司、上海真空电子器件股份有限公司、美国斯威格公司共同投资组建的上海汤姆斯机车有限公司在场中路建立，总投资1000万美元，属于中国和斯洛文尼亚共和国企业的合作项目。

8月5日　上海市长徐匡迪慰问提篮桥环卫所长治清道班职工。

8月7日　沪港合作建造的上海海洋世界海豚馆在和平公园建成开放。1998年，因经营亏损关闭。

8月8日　香港显利有限公司董事阮华捐赠20万美元建造的虹口区残疾人活动中心在西江湾路231号挂牌。

9 月 5 日　中共虹口区委印发《虹口区 1995—1997 年精神文明建设规划》。

9 月 20 日　奥地利共和国总统托马斯·克莱斯蒂尔一行参观摩西会堂旧址。

9 月 21 日　上海市长徐匡迪视察四川北路主要商业设施和街头绿化。

9 月 26 日　“’95 上海中国民俗风情欢乐节”在鲁迅公园开幕。内设 10 个景点，展示少数民族的歌舞、服饰、习俗、礼仪。

9 月 27 日至 29 日　为庆祝四川北路市政基础设施改造工程竣工，虹口区举办首届四川北路欢乐节。

10 月 15 日至 11 月 15 日　虹口区承办“’95 上海科技节博览城”活动，主会场设在上海商务中心、曲阳文化馆和虹口体育馆，参与者超 100 万人次。虹口区政府获“特殊贡献奖”。

10 月 23 日　虹口区陶行知思想学会成立。

10 月 25 日　虹口区第五次科技工作会议召开并提出“科教兴区”战略。

10 月 30 日　虹口区危棚简屋改造总指挥部成立。

11 月 8 日　虹口区政府举行新闻发布会，宣布加快危棚简屋改造的优惠政策和措施。

11月27日　由宏良性保健咨询服务部、虹口区药业经营有限公司、温州亚当夏娃保健品有限公司联合开办的上海第五医药商店分店正式挂牌，为上海市首家开架式性保健专卖店。

12月1日　虹口区向享受国务院特殊津贴、第二批享受区政府特别津贴及第二批拔尖人才颁发证书和津贴。

12月8日　虹口区房产管理局实施政企分开，上海虹房（集团）有限公司成立。

12月11日　虹口区属上海市第七百货商店、新凯福大酒店、多伦商厦、美的商厦等13家大型商业企业组建上海七百集团，总资产9亿余元。

12月11日　虹口区档案局（馆）被国家档案局、人事部评为“全国档案系统先进集体”。

12月26日　上海市慈善基金会虹口区办事处成立。

12月　乍浦路街道被国家民政部命名为“中国街道之星”。

一九九六年

1 月 1 日　四川北路百家商店全面实施商品质量保证保险，授牌仪式在新凯福商厦举行。

1 月 26 日　虹口区功茂律师事务所和区人民检察院民事行政检察科共同建立的全市第一个律师代理申请抗诉制度签约仪式举行。

1 月　上海市第一家“科技模型城”在爱思儿童公园建成。

2 月 28 日　虹口区城市建设开发总公司投资，虹口区住宅建设办公室投入事业法人资产，组建从事房地产开发的大型企业上海中虹（集团）有限公司。公司注册资金 1.8 亿元，有全资子公司 14 个。

3 月 12 日　上海春天百货商城（位于四川北路 521 号）开张营业。

3 月 14 日　虹口区人民武装部收归军队建制。中国人民解放军上海市虹口区人民武装部揭牌。

3 月 21 日　虹口区宣布推出精神文明建设“文化菜篮子工程”。

3月31日　国际商厦击剑队运动员叶冲在匈牙利布达佩斯举行的“'96世界杯花剑A级赛”中获个人世界冠军，为中国男子花剑史上首次夺冠。

4月6日　“'96进出口商品上海四川北路交易洽谈会”在新凯福商厦、第七百货商店、凯伦妇女儿童用品商厦和久事多伦商厦同时展开。

4月8日　香港瑞安集团出资5亿美元与中虹集团签约合作改造虹镇、新港地区40公顷危棚简屋，兴建由120万平方米住宅及相应公建配套设施组成的“瑞虹新城”。

4月23日　中共虹口区委、虹口区人民政府召开党政负责干部会议，传达贯彻中央关于全国开展“严打”斗争的决策和市委部署。

4月25日　虹口区人民法院受理上海市首起私营企业——上海元川经贸有限公司破产案。

4月27日　虹口区曲阳文化发展有限公司举办首场免费音乐会。

4月29日　虹口区人民检察院反贪污贿赂局成立。

4月30日　《中国上海市虹口区人民代表大会常务委员会与美国华盛顿州肯特市议会关于建立友好往来关系备忘录》签署。

5月3日　特级英雄黄继光雕像揭幕及虹口区爱国主义教育基地挂牌仪式在继光中学举行。

5 月 18 日　虹口区“文化菜篮子工程”动员大会暨曲阳社区文化广场开幕式举行。

5 月 30 日　中共虹口区委、虹口区人民政府召开城区工作会议，部署建立市、区、街道“两级政府、三级管理”新体制。

6 月 6 日　虹口区被国家教委评为“全国托幼工作先进区”。

6 月 12 日　上海市公安局虹口分局出入境办公室成立。

7 月 1 日　撤销原虹镇、嘉兴路、唐山路、新港路、同心路、广中路 6 个街道办事处和中共街道工作委员会，建立新的嘉兴路、新港路、广中路 3 个街道办事处和中共街道工作委员会。虹口区街道（镇）办事处、中共街道工作委员会由 13 个调整为 10 个。

7 月 5 日　乍浦地区司法所成立，为虹口区首家地区司法所。

8 月 8 日　上海市长徐匡迪到虹口区调研精神文明建设，视察锦苑小区“文化菜篮子工程”实施情况。

8 月 14 日　虹口区召开“三五”法制宣传教育暨政府法制工作会议，大会宣读中央宣传部、国家司法局关于虹口区被评为全国“二五”普法宣传教育先进区的决定。

8 月 20 日　虹口区图书馆改建竣工并开通文化咨询热线。

9月2日　虹口区教育局向云南省西畴县捐赠40万元建造的西畴—虹口希望小学建成启用。

9月4日　虹口区商业服务总公司整体改制为股份合作制企业。所属52户企业共吸纳职工股金802万元。

9月10日　1996年市实事工程项目——曲阳路（大连西路—四平路段）辟通工程提前竣工通车。

9月19日　上海市长徐匡迪视察上海爱思旅行用品有限公司、四平路新陆新村。

9月26日　叶大昌商厦（四川北路1500号）竣工开业。

9月27日　“’96上海四川北路欢乐节”开幕。

9月28日　江湾镇丰镇公园建成开放。

10月12日　第三届全国农民运动会在虹口体育场开幕。全国30个省、市、自治区1864名运动员参加比赛。

10月12日　虹口人民区政府与心族实业总公司主办的上海北外滩城市形态设计方案国际征集评选活动揭标暨新闻发布会举行。日本RIA研究设计事务所的第22号方案中标，获得一等奖。

10月17日　斯洛文尼亚共和国总统米兰·库昌及夫人一行40余人，到虹口区参观汤姆斯机车有限公司。

10 月 25 日　虹口区举行“’96 虹口对外招商会”，重点推出 16 幅共 24 万余平方米地块，发展一批商办、商住、商务项目。会上，签约 6 个项目，协议引进外资 1.3 亿美元。

10 月　虹口区教育局宣布 1997 年小学将取消小学升学考试，小学五年级（升级）考试合格者将全部就近升入初中。

11 月 20 日　虹口区在左联纪念馆举行十位现代文化名人虹口居住地纪念牌揭牌仪式。

12 月 1 日　虹口区青少年业余体育学校（培华学校）被国家体委第四次授予“全国青少年业余体校训练先进集体”称号。

12 月 3 日　中共虹口区委、虹口区人民政府召开“虹口区机构改革动员大会”，宣布市委批准的《虹口区党政机构改革方案》和《关于虹口区党政机构改革方案的实施意见》。

12 月 5 日　虹口区第二次被国家体委命名为“全国武术之乡”。

12 月 5 日　虹口区人民政府召开新闻发布会，正式宣布创建四川北路中华名品街。

12 月 7 日　虹口区科协第五次代表大会召开。

12月12日　虹口区部分党政机关进行机构改革。

12月17日　虹口区公安机构撤销14个派出所建制，建立7个警察署和3个派出所。

12月18日　虹口区总工会第二次代表大会召开。

12月27日　“瑞虹新城”动工典礼在临平路、天宝路口举行。

12月30日　虹口区决定撤销区集体事业管理局，组建虹口区工业集团和虹口工业（集团）有限公司。

是年　完成《虹口区国民经济和社会发展“九五”计划与2010年远景目标纲要》编制。

一九九七年

1 月 15 日　全国双拥模范命名大会在北京召开，虹口区第二次获得全国“双拥模范城”称号。

1 月 31 日　虹口区工业集团和虹口工业（集团）有限公司成立。

3 月 4 日　“虹口科普热线”开通。

3 月 26 日至 31 日　上海市公安局虹口分局破获上海首例贩卖毒品“摇头丸”（苯丙胺类兴奋剂）大案。

4 月 8 日　上海北外滩地产置换有限公司成立。

4 月 8 日　虹口区第一所示范性寄宿制高级中学——复兴高级中学开工典礼在原江湾中学校址举行。

4 月 25 日　爱思集团（中国）有限公司成立。

4 月 26 日　“’97 虹口区科技与经济结合交流会”举行。

5 月 21 日　虹口区召开社区建设工作会议，印发《关于进一步推进“两级政府、三级管理”工作的意见》。

5 月 22 日　虹口区人民政府和华东师范大学签订《合作发展科教事业协议书》。

5 月 23 日　《中华人民共和国上海市虹口区同大韩民国釜山广域市东莱区建立友好合作交流关系协议书》签署。

5 月 28 日　虹口区社区就业服务中心成立。

5 月 29 日　虹口区地震办公室成立。

5 月 29 日　虹口区 268 个居委会换届选举工作结束。

6 月 10 日至 12 日　共青团虹口区第八次代表大会召开。

6 月 12 日　虹口区住宅发展局成立。

6 月 18 日　上海舒天（集团）公司与虹口区经济技术发展总公司联合组建的上海舒天（集团）有限公司成立。

6 月 26 日　“东方网络”在虹口区正式开通。

8 月 14 日　中共虹口区委、虹口区人民政府召开区机关实施公务员制度动员大会。

8月18日　中共上海市委书记黄菊凌晨赴虹口区察看台风带来的水灾情况。

8月20日　中共虹口区委印发《关于党风廉政工作责任制的规定（试行）》。

8月28日　上海市100家发起式股份制试点企业中首家揭牌的虹口区属上海雷允上（北区）药业股份有限公司成立。

9月26日　安丘路（瑞虹路）拓宽工程竣工。

9月26日　“’97上海四川北路欢乐节开幕式”在鲁迅公园举行。

9月　虹口区首部综合性年鉴《虹口年鉴（1997）》出版发行。

10月14日　虹口体育场获“全国群众体育先进集体”称号。

10月15日　虹口区首次卫生工作会议举行。

12月11日　周家嘴路、海宁路拓宽工程总指挥部成立。

12月20日　虹口区社会救助工作办公室、街道（镇）社会保障事务所成立。

12月26日　虹口区为区境内中共中央宣传部旧址、远东反战大会旧址、中国左翼作家联盟成立大会旧址等10处历史文化遗址举行挂牌仪式。

12月30日　曲阳公园建成开园。

一九九八年

1月5日　“’98虹口招商会”在新凯福大酒店举行。

1月9日　梅葆玖任名誉校长的上海市虹口区业余梅兰芳艺术学校在建江中学揭牌成立。

1月13日　虹口区人民检察院获“全国模范检察院”称号，检察长徐六弟被命名为全国模范检察干部。

1月15日至18日　中共虹口区第六次代表大会召开。

1月21日　虹口区机关处级干部与地区特困对象“一对一”帮困结对签约仪式举行，全区249名副处级以上干部与地区内249名特困对象结成帮困对子。

1月23日　虹口区青少年活动中心在欧阳路67号举行揭牌启用仪式。

2月18日　虹口区主办的“邓小平风采刺绣作品展”在朱屺瞻艺术馆展出。

2月22日　虹口足球场奠基暨开工典礼仪式举行。1999年2月22日，中国第一个专业性足球场——上海虹口足球场落成（该足球场由原虹口体育场改建而成）。1999 年 3 月 14 日，虹口足球场举行启用仪式，随后中国、伊朗国奥足球队进行了比赛。在中华人民共和国成立 50 周年上海经典建筑评选活动中，虹口足球场获得铜牌。

3 月 9 日　上海第一个“军嫂温馨之家”在虹口区乍浦路街道挂牌成立。

3 月 20 日　中共虹口区委和虹口区人民政府作出《关于向革命烈士唐美玲同志学习的决定》。

3 月 23 日至 28 日　虹口区第十届政协第一次会议举行。

3 月 24 日至 31 日　虹口区第十二届人民代表大会第一次会议举行。

5 月 17 日　虹口区人民政府与同济大学建立科技战略伙伴关系签约仪式在同济大学举行。

5 月 20 日至 6 月 11 日　上海市公安局虹口分局破获上海解放后最大一起贩毒案。该案被市公安局评为 1998 年度全市侦破重特大精品刑案金奖十案第一案。11 月 3 日侦破组被公安部记集体一等功。

5 月 26 日　虹口区第六次科技工作会议召开。

8 月 19 日至 21 日　虹口区第八次妇女代表大会召开。

8 月 19 日　虹口区和上海国际航运中心上海地区领导小组办公室签订共建协议，合作建设“东大名路航运一条街”。

8 月 31 日　中共中央政治局委员、上海市委书记黄菊到新落成的复兴高级中学检查开学工作。

9 月 29 日　虹口区社区保安队成立，549 名下岗待业人员成为首批社区保安队员。

9 月 29 日　上海市提篮桥监狱举行王孝和烈士塑像重建揭幕仪式。上海市提篮桥监狱“王孝和就义处”被列为虹口区革命纪念地。

10 月 6 日　周家嘴路、海宁路拓宽工程举行开工典礼。1999 年 8 月 28 日，周家嘴路海宁路拓宽工程举行竣工通车仪式。

10 月 23 日　“’98 四川北路欢乐节”开幕式与文艺晚会在邮电俱乐部广场举行。

11 月 5 日　中共上海市委副书记、市长徐匡迪到赤峰路 600 弄鸿雁小区察看社区服务及管理等情况，到周家嘴路—海宁路拓宽工程指挥部听取动迁汇报。

11 月 18 日　汶水东路、广粤路地块批租，出让土地面积 40043 平方米，出让金 81.17 万美元，受让方为上海锦江麦德龙购物中心有限公司。

12 月 30 日　中共上海市委副书记、市长徐匡迪视察曲阳路街道“森林广场”。

一九九九年

1 月 3 日　中共中央政治局委员、上海市委书记黄菊慰问 50 年代市劳动模范梁纪银。

1 月 7 日　国家出入境检验检疫局授予康培尔服装有限公司出口商品免检证书。

1 月 11 日　虹口区第一中心小学师生举行“张琼同志纪念室”修葺开放仪式。

1 月 19 日　虹口区 1998 年度危棚简屋改造总结表彰大会召开。1996—1998 年拆除 30—45 万平方米危棚简屋的预期目标实现。

2 月　《虹口区志》出版。

3 月 24 日　虹口区召开非区属企业表彰奖励大会，204 家为虹口经济发展作出贡献的企业受到表彰奖励。

4 月 16 日　荷兰王国女王贝娅特丽克丝一行到欧阳路建设新村参观访问。

4 月 20 日　上海外国语大学与虹口区人民政府合办的上海外国语大学高等职

业技术学院成立。

4月28日　虹口区小企业发展促进中心和信用担保中心成立。

5月19日　虹口区首次召开先进私营企业表彰大会。麦野、富中、迪生、永新等5家有限公司获奖。

5月25日　中共虹口区委、虹口区人民政府举行庆祝上海解放50周年大会，并举行以“红旗颂”为主题的朗诵歌舞比赛。

7月1日　虹口足球场鲁迅公园联合发展集团揭牌仪式举行。2004年10月1日更名为上海长远集团。

8月31日　中共虹口区委召开区级领导班子和领导干部讲学习、讲政治、讲正气“三讲”教育动员大会。

9月8日　虹口区人民政府与广东省中山市人民政府签约，双方缔结友好关系。

9月21日　舒乐、海联货运出租汽车公司成立大会召开。

9月22日　麦德龙虹口商场（广粤路418号）对外营业。

10月2日　中共上海市委副书记、市长徐匡迪与市民在和平公园一起参加游园活动，共度国庆佳节。

10 月 12 日　虹口区十二届人大常委会举行第十三次会议，首次评议政府组成人员。

10 月 22 日　多伦路文化名人街街牌揭幕仪式举行。

10 月 22 日　“’99 上海四川北路欢乐节”在虹口足球场举行开幕式。

10 月 25 日　中共虹口区委召开区级领导班子和领导干部“三讲”教育总结大会。

10 月　曲阳新村获“新中国 50 年上海经典建筑最佳住宅小区”特别奖。

11 月 2 日　虹口区质量技术监督局划归上海市质量技术监督局。

11 月 6 日　虹口区获上海市“开展全民国防教育先进区”称号。

11 月 30 日　乍浦路美食街党总支成立。

12 月 15 日　《虹口区教育志》举行首发式。

12 月 18 日　中共中央政治局委员、上海市委书记黄菊到虹口区调研经济和城市建设等工作。

12 月 29 日　上海监狱陈列馆在长阳路 147 号（上海市提篮桥监狱）开馆。

二〇〇〇年

1月12日至13日　全国双拥模范城（县）命名大会在北京召开，虹口区被命名为“全国双拥模范城”。

1月28日　虹口港水系整治建设暨动迁工作动员大会召开。至年底，整治取得阶段性成效，河水基本消除黑臭。

2月1日　上海市第四人民医院新医疗大楼举行启用仪式。

3月　虹口区招商局成立。

4月24日　虹口区印发《关于深入推进依法治区工作的意见》。

4月27日　上海市公安局虹口分局在全市率先实施吴淞路、四平路机动车可变车道通行的新举措。

5月5日至13日　虹口区承办的中华人民共和国第五届残疾人运动会盲人门球比赛在虹口体育馆举行。

6月16日至18日　共青团虹口区第九次代表大会召开。

7 月 8 日　　新同心路工程竣工通车。

7 月 20 日　　上海市第一人民医院、第四人民医院合作成立上海市第一人民医院分院签约、揭牌仪式举行。

8 月 18 日　　上海新兴医药股份有限公司举行成立大会暨揭牌仪式。

8 月 29 日　　上海市南湖职校和上海外国语大学合办的高等职业技术学院新校舍落成。

9 月 10 日　　虹口区 262 个居委会完成第六届换届选举。其中 9 个居委会采取直接选举方式。居委会换届选举方式开始从传统的间接选举逐步转向直接选举，等额选举逐步转向差额选举。

9 月 27 日　　虹口区第七次科技工作会议召开。

10 月 20 日　　2000 年上海四川北路欢乐节在多伦路文化名人街举行开幕式。

11 月 23 日　　中共上海市委副书记、市长徐匡迪率调研组到虹口区调研。

二〇〇一年

1月1日　虹口区元旦迎新长跑活动举行。以后每年元旦都举办相关活动。

1月8日　虹口区医保事务结算中心落成。全区各医院自1月1日起实行医疗保险制度改革，病人就诊凭卡上网结算费用。

1月23日　中共中央政治局委员、上海市委书记黄菊到上海市公安局虹口分局视察，慰问春节坚守岗位的干警。

3月1日　虹口区各街道、镇信访室成立并举行揭牌仪式。

3月1日　上海市公安局虹口分局获2000年全国优秀公安局称号。乍浦路警署朱幼芬被评为“全国优秀人民警察”。

3月6日　虹口区迎APEC会议、创建文明城区动员大会召开。

4月6日　中共虹口区委、虹口区人民政府召开处级领导班子、领导干部“三讲”教育“回头看”动员大会。

6月9日　公安虹口分局刑侦支队第二责任区刑侦队被授予“全国模范刑警

中队”称号。

6 月 20 日　虹口区纪念中国共产党成立 80 周年大会及大型歌会在虹口足球场举行。

6 月 26 日　虹口区人民法院新大楼竣工投入使用，该大楼位于北宝兴路 531 号。

8 月 8 日　虹口区 2001 年经济洽谈会在新元大酒店举行。会上 52 个项目签约，资金总额人民币 69.16 亿元、外资 4704 万美元。

8 月 9 日　虹口区人民政府与上海电信公司举行“推进虹口区信息化合作框架协议”签约仪式。

9 月 10 日　上海市药品监督管理局虹口分局成立。

9 月 28 日　虹口区 2001 年运动会、上海旅游节、四川北路欢乐节开幕式在虹口足球场举行。

9 月 28 日　“千筝和鸣·花好月圆”大型文艺晚会在鲁迅公园举行，千台古筝齐奏，创造了吉尼斯世界纪录。

11 月 5 日　虹口区人民政府与重庆市渝北区人民政府签订《缔结友好城区意向书》。

11 月 13 日　国际足联名誉主席、国际奥委会委员阿维兰热博士及顾问马赛先生参观虹口足球场。

11月24日 虹口区青年联合会第四届委员会第一次会议在南湖职校举行。

12月8日 上海市文管会与虹口区人民政府联合举行“左联”会址纪念馆修复开馆仪式。

12月25日 虹口区工商联第十一次会员代表大会召开。

12月26日 虹口区南湖、统计、交通3所职校合并，成立上海市南湖职校总校及南湖职校一分校、二分校。

12月27日 中共中央政治局委员、上海市委书记黄菊到虹口区进行工作调研。

12月28日 多伦路文化名人街二期开发项目正式启动。

12月 虹口区各街道、镇建成社区事务受理服务中心。

是年 完成《虹口区国民经济和社会发展“十五”年计划纲要》编制。

二〇〇二年

1 月 1 日　虹口区劳动局更名为虹口区劳动和社会保障局。

1 月 15 日　上海市北外滩地区综合开发领导小组（筹）及领导小组办公室成立。

1 月 15 日　虹口区城市管理监察大队成立。

1 月 19 日　四川北路大型绿地——四川北路公园建设项目开工。

1 月 24 日　曲阳医院改制动员会召开。曲阳医院改制后，登记注册为非营利性医疗机构。

2 月 5 日　上海北外滩地区城市设计国际方案征集信息发布会召开。

2 月 7 日　中共虹口区委、虹口区人民政府召开加强党风廉政建设干部大会。

2 月 28 日　虹口区人民政府与上海市规划局联合举行上海北外滩地区城市规划国际方案征集签约仪式。

2 月　虹口区曲阳路街道入选全国创建文明社区示范点。

2月 国家人事局、国家税务总局授予虹口区税务局征收所“全国税务系统先进集体”称号。

3月22日 江湾镇市河被评为上海市十佳景观河道之一。

3月25日 虹口区与世茂集团在香港举行“上海北外滩中央商务区开发协议”签约仪式。

4月11日 全国首创的“虹口区拥军学校”校庆10周年暨第十期高复班开学典礼在海军上海基地举行。

4月16日 虹口区人民政府和上海市规划局联合举行“上海北外滩地区城市规划国际方案征集中期成果汇报会”。

5月9日 中共中央总书记、国家主席江泽民由中共中央政治局委员、上海市委书记黄菊陪同，视察位于虹口区的中国远洋航运集团公司总部。

5月30日 虹口区安全生产监察局成立并举行揭牌仪式。

6月7日至8日 “上海北外滩地区城市设计国际方案征集终期成果评审会”在新元大酒店举行。澳大利亚COX公司、美国RTKL公司、美国HLW公司获优胜奖。

7月22日 上海市中心图书馆虹口分馆（乍浦路245号）建成。

7月25日 虹口区首家“双拥”法律援助服务中心在欧阳路街道揭牌成立。

9 月 6 日　“上海虹口 · 二纺机工业园”揭牌。

9 月 22 日　虹口区科协第六次代表大会召开。

9 月 23 日至 26 日　虹口区第一期新经济组织、新社会组织（简称“两新”组织）党务工作者、入党积极分子培训班在区委党校举办。

9 月 27 日　上海国际皮具箱包展示交易中心（中山北二路 1705 号）开业。

9 月 27 日　上海市文广集团和虹口区人民政府联合主办的“祖国颂”大型音乐歌舞晚会在虹口足球场举行，2 万余名观众观看了演出。

9 月 28 日　2002 年上海旅游节四川北路欢乐节暨四川北路公园落成开幕庆典在四川北路公园举行。

10 月 28 日　虹口区机关新办公大楼和虹口区总工会工人文体活动中心在飞虹路 518 号奠基。

12 月 28 日　江湾镇投资新建的仿清古塔奎星阁和古船蟠曲舫在市河上落成。

二〇〇三年

1月3日　上海北外滩综合开发工作启动。上海申江北外滩开发建设有限公司、上海中远三林北外滩开发建设有限公司成立。

1月8日　上海北外滩发展论坛在海鸥饭店举行。

1月23日至26日　中共虹口区第七次代表大会在曲阳文化馆举行。

3月18日　虹口区曲阳医院转让交接仪式举行。曲阳医院由国泰投资医院管理公司收购，从公有事业单位转制为民营独资企业。

3月21日　虹口区与微软（中国）有限公司、上海微创公司签订合作备忘录。

3月25日至28日　虹口区第十一届政协第一次会议在曲阳文化馆举行。

3月26日至29日　虹口区第十三届人民代表大会第一次会议在曲阳文化馆举行。

4 月 8 日　虹口区与华东师范大学签订合作交流协议书。

4 月 17 日　中共虹口区委、虹口区人民政府召开党政负责干部会议，研究部署“非典”防治工作。

4 月 23 日　世界卫生组织考察广中社区防治“非典”情况。上海第一例“非典”病例在广中社区被发现。

5 月 7 日　虹口区抗击“非典”暨首批赴定点医院医务人员誓师大会举行。首批 17 位医务人员当天就进入“防非”第一线。

5 月 26 日　虹口区人民政府决定授予 21 户企业“2002 年区重点品牌企业”称号，其中上海中科电气（集团）有限公司等 7 户企业获得“2002 年上海市名牌产品”荣誉称号。

6 月 6 日　虹口区北外滩滨江公共开放空间国际方案征集结束。8 月 19 日，专家对国际方案征集进行终审评审，确定美国 SWA 公司设计的方案为最优方案。

6 月 6 日　标志着四川北路新一轮改造正式启动的信虹综合项目奠基仪式在四川北路举行。

6 月 12 日至 14 日　共青团虹口区第十次代表大会举行。

6 月 28 日　世贸北外滩酒店项目“外滩茂悦大酒店”开工仪式举行。该项目是北外滩地区综合开发启动以来第一个破土动工项目。

6月28日　“祝福中国——‘世茂之夜’上海虹口大型广场文艺晚会”于虹口足球场献演。

7月24日　虹口区连续第五次被中共上海市委、上海市人民政府、上海警备区授予上海市“双拥模范区”称号。

7月28日　虹口区机关新办公楼主体结构封顶仪式举行。

8月18日至19日　虹口区第九次妇女代表大会举行。

8月21日　中共虹口区委、虹口区人民政府召开加强党风廉政建设干部大会。

9月8日　虹镇老街地区旧区改造拆迁动员大会召开。

9月14日　德国总统约翰内斯·劳一行访问虹口区，并参观犹太难民在上海纪念馆（摩西会堂旧址）和霍山公园。

9月17日　虹口区总工会第三次代表大会召开。

9月27日　2003年上海旅游节四川北路欢乐节在虹口足球场开幕。

9月29日　上海市和虹口区政府重大实事工程——大连路拓宽工程竣工。

11 月 10 日　虹口区人民政府举行法律顾问签约仪式，并向 10 位法律顾问颁发聘书。

12 月 2 日　虹口区疾病预防与控制精神卫生分中心成立。

12 月 4 日　上海港国际客运中心整体搬迁至杨树浦路 100 号。

二〇〇四年

1月3日	上海港国际客运中心开工仪式在虹口区北外滩高阳码头原址举行。
1月8日至9日	全国双拥工作会议在北京举行，虹口区获“全国双拥模范城”称号。
1月11日	虹口区职工文体中心一期工程竣工。
2月9日	虹口区“千人助学工程”启动仪式在上海市第五十二中学举行。
2月20日	“奋飞的虹口——2004年千人大合唱”活动在虹口体育馆举行。
2月26日	虹口区人民政府与上海地产集团就土地储备合作暨成立上海地产北外滩开发有限公司举行签约仪式。
2月27日	中共上海市委副书记、市长韩正到南湖职校视察调研。
3月3日	爱思大厦落成暨爱思海外总部入驻虹口仪式举行。

3 月 4 日　毛蓓蕾高尚师德座谈会暨《心之育》首发式在虹口区第三中心小学举行。

3 月 5 日　中共虹口区委、虹口区人民政府召开加强党风廉政建设干部大会。

3 月 23 日　虹口区在香港举行上海四川北路—香港推介会。

3 月 30 日　俄罗斯圣彼得堡商务所暨俄罗斯—中国合作发展中心驻上海代表处在海湾大厦举行开业典礼。

4 月 3 日　虹口区“创业与就业”大型推介活动在虹口足球场举办，6 万多人次进场。

4 月 12 日　北外滩滨江绿地和公共开放空间项目开工仪式举行。

5 月 1 日　上海国际邮轮定班航线首航暨丽星邮轮上海——香港定班航线启航仪式在北外滩上海港汇山码头举行。

7 月 1 日　中共四大史料展在多伦路 201 弄 2 号内部开放，该史料展分“风起云涌”“历史丰碑”“唤起农工”三个部分。

7 月 21 日　2004 年度世界公园定向运动精英巡回赛在和平公园举行。

7 月 22 日　国家商务部正式批复，同意马来西亚丽星邮轮公司在上海设立独资旅行社，全市获准设立的第一家外资独资旅行社落户北外滩。

7月　民营企业上海纵横广告有限公司董事长谢卫钢成为区域内“两新”组织中加入中国共产党第一人。

8月25日　首届虹口区“百人工程论坛”在新元大酒店举行。

8月26日　虹口区第十三届人大常委会第十六次会议审议通过《上海市虹口区人大常委会关于加强虹口区有中国特色文化风貌区和优秀历史建筑保护的决定（草案）》决议。

8月31日　在北京召开的第六届全国“人民满意的公务员”表彰大会上，虹口税务分局第一税务所获得“人民满意的公务员集体”荣誉称号。

9月1日　虹口区第六中心小学（新同心路189号）落成开学。

9月2日　虹口区文化艺术馆参赛戏剧小品《生死不明》，在华东六省一市文化厅（局）联合举办的“第十一届华东戏剧小品比赛”中获金奖。

9月6日　虹口区人民政府与上海市财政局关于世界银行贷款《再转贷协议》签署。

9月7日　由中共四大史料编纂委员会编纂的《中国共产党第四次全国代表大会》一书由中共中央党史出版社出版发行。

9月14日　南湖职业学校与丽星邮轮（香港）集团公司签署合作办学协议，联合开办“云星国际邮轮管理专业”。

9 月 27 日　2004 年上海旅游节四川北路欢乐节“民俗风情舞动虹口”大巡游和“弘基狂欢夜”活动分别在虹口足球场和弘基假日广场举行。

10 月 8 日　虹口区机关新办公楼（飞虹路 518 号）启用入驻暨公务员宣誓仪式举行。

11 月 3 日　佛教下海庙改扩建工程竣工暨佛像开光庆典举行。

11 月 17 日　虹口区消费者权益保护委员会成立。

11 月 24 日　中共上海市委副书记、市长韩正率市政府调研组到虹口区调研。

二〇〇五年

1月11日　虹口区纪念中共四大召开80周年暨史料展开展仪式和理论研讨会举行。同时举办《中国共产党第四次全国代表大会》一书首发式。

1月24日　虹口区印发《关于在全区党员中开展以实践“三个代表”重要思想为主要内容的保持共产党员先进性教育活动的实施意见》。

1月25日　虹口区保持共产党员先进性教育活动动员大会举行。

3月1日　中共虹口区委、虹口区人民政府召开加强党风廉政建设干部大会。

4月8日至9日　首届“中国城市文化休闲产业论坛暨全国文化市场与文化产业调研报告会”在虹口举行。

4月20日　虹口区举行纳税先进单位座谈会，对2004年度区域内60家纳税先进单位进行表彰。

5月11日　《上海市提篮桥历史文化风貌区保护规划》获市政府批复同意。

5 月 13 日　“启航·北外滩”经济文化活动暨上海科技节虹口区开幕式举行。

5 月 21 日　虹口区“创业与就业”大型推介活动在虹口足球场举行。此次活动共进场 4 万余人次。

6 月 1 日　虹口公安消防支队揭牌。

6 月 3 日　中共虹口区委制订《中共虹口区委关于建立巡视督查制度的暂行办法》。

6 月 9 日　虹口区国有资产产权代表契约化、薪酬管理签约仪式举行。区国资办与虹房集团、中虹集团、大祥集团、土发中心、长远集团国有资产产权代表分别签约。

6 月 14 日　中共虹口区委印发《关于进一步加强党委（党组）中心组学习的意见》《关于进一步加强领导班子和干部队伍建设的意见》《关于建立健全惩治和预防腐败体系的实施意见》《关于进一步加强基层党建工作的实施意见》。

6 月 16 日　中共上海市委副书记、市长韩正到虹口区调研北外滩开发建设情况。

6 月 17 日　虹口区第一批保持共产党员先进性教育活动总结大会召开。虹口区第一批先进性教育活动从 1 月 25 日开始，历时近 5 个月，参加党员 5000 余名，支部 315 个。

6 月 28 日　虹口区 2005 年经济洽谈会在新元大酒店举行。共引进中外资企业159户（其中外资企业39户），注册资金累计人民币38.5亿元，合同吸引外资9364万美元。

6月29日　李白烈士故居修缮后重新开馆。

7月12日　虹口区第二批保持共产党员先进性教育活动动员大会召开。

7月18日　虹口区印发《关于贯彻落实科教兴市主战略的若干意见》。

7月19日　“夏令热线——虹口区区长专线”开通。

7月27日　凉城新村街道获“全国军民共建社会主义精神文明先进单位”称号。

7月　中共虹口区委印发《关于建立区委巡视督查工作联席会议制度的通知》。制订《虹口区委巡视督查工作实施细则》《虹口区委巡视督查组信访件受理办法》《虹口区委巡视督查工作纪律和保密制度》。

8月4日　虹口区发展计划委员会改组为区发展和改革委员会；区国有资产管理办公室更名为区国有资产监督管理委员会；虹口区安全生产监察局更名为虹口区安全生产监督管理局；虹口区建设和管理委员会更名为虹口区建设和交通委员会；虹口区政府协作办公室更名为虹口区政府合作交流办公室，在区政府办公室增挂合作交流办公室牌子；原与虹口区协作办合署的区招商局改制，组建虹口区招商中心，为虹口区政府直属事业单位；虹口区委台湾工作办公室挂虹口区政府台湾事务办公室牌子。

8 月 18 日　中共虹口区委巡视督查一组和二组，分别进驻区建交委和四川北路街道，正式开始第一批的巡视督查工作。

8 月 25 日　华东师大一附中新校舍（虹关路 88 号）启用典礼暨华东师大一附中荣获“世界头脑奥林匹克竞赛”冠军嘉奖仪式举行。

9 月 1 日至 3 日　“和平万岁——虹口区纪念中国人民抗日战争暨世界反法西斯战争胜利 60 周年歌会”及虹口合唱节在东方艺术中心举行。

9 月 7 日　虹口区与中国海运（集团）总公司、中远集装箱运输有限公司、上海国际港务（集团）股份有限公司、上海航运交易所举行战略合作签约仪式。

9 月 8 日　虹镇老街地区旧区改造动拆迁动员大会召开。虹口区最大二级以下旧里集中区的虹镇老街地区旧区改造进入全面推进阶段。

9 月 9 日　虹口区校长培训基地——特级校长孙稼麟工作室、特级校长张云生工作室和全国劳动模范胡蕴琪艺术教育培训基地揭牌。

9 月 27 日　2005 年上海旅游节四川北路欢乐节在鲁迅公园开幕。

9 月 29 日　“献给祖国的颂歌”为主题的 2005 年虹口区机关歌会举办，庆祝中华人民共和国成立 56 周年。

11 月 10 日　虹口区第二批保持共产党员先进性教育活动总结暨社区党建和社区建设先进集体、先进个人表彰会举行。

11 月 10 日　“纪念世界反法西斯战争胜利 60 周年——犹太难民在上海”系列活动开幕式在摩西会堂旧址举行。活动由市人民政府新闻办、市外事办、虹口区人民政府、上海社科院上海犹太研究中心联合主办。

11 月 16 日　中共上海市委副书记、市长韩正到虹口区开展社会多元办医专题调研。

11 月 26 日　上海精武体育总会成立 95 周年庆典活动在区工人文体活动中心举行。海内外近 40 个精武团体的代表及上海市精武同仁 800 余人出席庆祝活动。

11 月 30 日　北外滩地区的上海港国际客运中心北侧地块和虹口足球场交通枢纽两项重大工程动拆迁工作完成。

12 月 10 日　上海市人民政府确定的全市四个重点成片改造旧区之一——虹镇老街旧区改造首批 100 户动迁居民乔迁新居。

12 月 31 日　虹口区生活垃圾压缩中转站（黄山路 53 号）投入试运行。

二〇〇六年

1月1日　上海邮政博物馆开馆（北苏州路276号），是全国第一个邮政博物馆。

1月6日　“上海多伦路文化名人系列雕塑”在多伦路落成。

2月8日　虹口区文明委全体（扩大）会议暨创建上海市文明城区动员大会举行。

3月9日　虹口区召开2005年度重大工程、实事项目总结表彰暨轨道交通10号线（虹口段）动迁工作动员大会。

4月4日　虹口区获“全国社区卫生服务示范区”称号。

4月5日　中共上海市委副书记、市长韩正视察北外滩地区滨江绿地和上海港国际客运中心建设情况。

4月12日　虹口区第八次科技工作会议召开。

4月24日　第二届亚洲航运物流企业联盟会议在虹口区召开。

4 月 25 日　上海国际金融人才服务中心和国际航运物流人才服务中心在北外滩成立。

5 月 1 日　中央电视台新闻联播“劳动者之歌”报道曲阳社区外来务工人员、共产党员殷仁俊 23 年坚持为社区老人义务理发的事迹。

5 月 15 日　中共虹口区委保持共产党员先进性教育活动整体情况和教育成果通报会召开，并现场进行群众满意度测评。

5 月 15 日　九龙路生活垃圾码头停止使用。

5 月 20 日　上海市人民政府为区域内“优族 173”“绿地阳光园”“1933 老场坊”3 家创意产业园区授牌。

6 月 2 日　虹口区与上海外国语大学签订现代传媒和教育文化产业战略合作框架协议。

6 月 5 日　虹口区印发《关于推进学习型城区建设的实施意见》。

6 月 24 日　“中共四大史料陈列馆开馆暨新党员宣誓仪式”在多伦路 215 号举行。中共四大史料陈列展从多伦路 201 弄 2 号左联纪念馆迁址到多伦路 215 号，并更名为“中共四大史料陈列馆”。

6 月 27 日至 28 日　共青团虹口区第十一次代表大会在区工人文体中心举行。

6 月 29 日　2006 年虹口经济洽谈会在上海金茂大厦举行。共引进企业 195 户，其中内资企业 168 户，注册资金 17.8 亿元人民币；外资企业 27 户，注册资金 4.38 亿美元。

6 月 30 日　虹口区公共卫生大楼（长阳路 197 号）启用仪式举行。

7 月 2 日　世界第一大邮轮公司嘉年华旗下的歌诗达邮轮“爱兰歌娜号”在北外滩上海港国际客运中心码头举行首航庆典。

7 月 6 日　上海市首家社区卫生服务指导中心在虹口区成立。

7 月 20 日　上海市人民政府批准撤销江湾镇建制，设江湾镇街道办事处。

8 月 10 日　虹口区首个人口文化小区在广中路街道花园城小区落成。

8 月 22 日　虹口区第八次居委会换届选举工作总结暨表彰大会召开。212 个居委会全部完成换届选举，其中直选 120 个。

8 月 29 日至 10 月 28 日　瑞典复古帆船“哥德堡号”访问上海，停靠北外滩上海港国际客运中心码头。其间，上船参观市民 8.3 万人次。10 月 28 日，举行“哥德堡号”返航欢送仪式。

9 月 1 日　撤销江湾镇设置，江湾镇社区（街道）党工委和江湾镇街道办事处成立揭牌。

9 月 1 日　虹口区城市管理网格化信息系统试运行。

9月14日　中共上海市委副书记、市长韩正到虹口区调研城镇高龄无保障老人纳入社会保障工作落实情况。

9月28日　第一届上海市民品酒节在四川北路商业街拉开帷幕。该酒节由上海市酒类专卖局、上海市酒类流通行业协会、虹口区经委共同举办，主题为“美景美酒四川路，时尚休闲新体验”，至10月6日结束。

9月29日　2006年虹口区运动会暨四川北路欢乐节在虹口足球场开幕。

10月1日　“左联”会址纪念馆修缮后重新对外开放。

10月5日　虹口区卫生局组建的赴摩洛哥塔塔省医疗队启程。

10月10日至18日　2006年特殊奥林匹克运动会上海邀请赛保龄球比赛在高点保龄球馆举行。

10月20日　曲阳路街道社区文化活动中心（中山北一路998号）启用。

10月25日　虹口区少数民族第五次代表大会召开。

11月2日　虹口足球场改建工程启动。

11月22日　2006年上海国际创意产业活动周主要活动之一的“中外设计师之夜”活动在虹口区1933老场坊举行。

11 月 23 日　四川北路街道社区文化活动中心（海伦路 505 号）启用。

11 月 30 日　上海市信息委授牌的第一家市级数字媒体产业园区“上海市数字媒体产业园区”开园仪式在东江湾路 188 号空间 188 创意产业园区举行。

12 月 25 日　区内上海普利特复合材料有限公司获上海市科技小巨人企业称号，成为全市首批 20 家科技小巨人企业之一。

12 月 29 日　中国第一家电影院——“虹口大戏院”遗址纪念性保护标志在原址海宁路乍浦路口绿地设立。

是年　完成《虹口区国民经济和社会发展第十一个五年规划》编制。

二〇〇七年

1月9日至12日　中共虹口区第八次代表大会在区工人文体活动中心举行。

1月19日　虹口区劳动和社会保障局被国家劳动和社会保障部授予全国劳动保障系统一等功先进集体，是上海市区县劳动保障部门中唯一获此殊荣单位。

2月2日至11日　第二届上海品酒节在四川北路公园举办。

2月5日至8日　虹口区第十二届政协第一次会议在区工人文体活动中心举行。

2月6日至10日　虹口区第十四届人民代表大会第一次会议在区工人文体活动中心举行。

3月5日　虹口区重点企业招待会在海鸥饭店举行。138家区重点企业负责人出席会议。会上对2006年度纳税超过1000万元的93家重点企业颁发“纳税贡献奖”。

3 月 24 日　虹口区科学技术协会第七次代表大会在区工人文体活动中心召开。

4 月 1 日　上海外滩隧道天潼路工作井动迁工作启动。动迁地块涉及东大名路、东长治路、天潼路、峨嵋路、武昌路、福德路等 6 条道路交会地带。动迁工作历时 115 天，于 7 月 25 日完成。

4 月 23 日　虹口区党建领导小组第一次会议召开。会议宣布区委《关于建立虹口区党建工作领导小组的通知》，讨论通过《虹口区党建工作领导小组工作制度》。

4 月 25 日　虹口区获上海市“文明城区”称号。

5 月 15 日　虹口区与中国海运集团签订《共同推进北外滩航运服务集聚区建设战略合作协议书》。

5 月 22 日　提篮桥社区文化活动中心（东大名路 1088 号）启用。

5 月 30 日　虹口区 10 个街道办事处与太平洋财产保险公司上海分公司签订社区综合保险协议，为社区群众打造社区公共安全网。是日起，虹口区百万居民拥有一份总投保额约 11 亿元，总保费约 86 万元的社区平安保险。

6 月 6 日　以色列驻上海总领事馆及 26 家以色列在华企业向上海市慈善基金会捐赠人民币 666666 元，用于改善虹口区提篮桥街道老年活动中心、虹口区社会福利院医疗设施和开展各项活动等。

6 月 9 日　虹口区“中国文化遗产日”系列活动暨沈尹默故居修缮开馆仪式

举行。

6 月 28 日　上海外滩茂悦大酒店试营业仪式举行。

7 月 3 日　“萧雅文化艺术有限公司五年庆典真情献演”活动在区工人文体活动中心举行。国家一级演员萧雅曾在虹口越剧团担当主演，该剧团 2002 年走向市场，成功塑造民营剧团品牌形象。

7 月 12 日　中共上海市委书记习近平到虹口区调研，视察上海航交所、中共四大史料陈列馆和曲阳社区文化中心等。听取虹口区委、区政府汇报后，习近平在讲话中指出，虹口是海派文化的重要发祥地、近代历史文化名人的主要聚集地和进步文化的重要策源地，希望虹口在贯彻落实“四个率先”方面取得更大成绩。

7 月 12 日　位于多伦路 215 号二楼的“中国共产党在虹口”史料陈列馆建成并开展。

7 月 31 日　上海港国际客运中心地面建筑结构封顶暨绿化工程完工庆典仪式在北外滩举行。

8 月 16 日　中国电信集团号百信息服务有限公司（四川北路 61 号）在虹口区成立。

8 月 19 日　浙江省台州市天台县在沪流动党委成立仪式暨流动党员管理研讨会在虹口区召开。

8 月 27 日　上海文广新闻传媒集团与解放日报报业集团联合举行“光荣与力

量——2007《走近他们》年度十大人物颁奖典礼”。虹口区居民倪震获“2007《走近他们》年度十大人物”称号。

9 月 4 日　中共上海市委副书记、市长韩正到女足世界杯上海赛区主赛场虹口足球场检查，听取开、闭幕式彩排情况汇报。

9 月 5 日　匈牙利诗人裴多菲半身铜像在鲁迅公园揭幕。

9 月 6 日　虹口区庆祝第 23 届教师节大会在区第一中心小学举行，会上，区委、区政府发出《关于学习陈寅先进事迹的通知》。

9 月 10 日　2007 年女足世界杯赛在虹口足球场开幕。

9 月 17 日　虹口区社区（街道）妇女组织建设推进会召开，会上为 10 个街道妇女联合会授牌。

9 月 21 日　2007 年第十三届四川北路欢乐节在鲁迅公园开幕，至 10 月 7 日结束。

9 月 22 日　第三届上海品酒节在四川北路公园开幕，至 10 月 7 日结束。

9 月 27 日至 10 月 2 日　希腊、塞浦路斯、摩尔多瓦、马恩岛、柬埔寨、老挝等 11 个参加 2007 年夏季特殊奥运会国家和地区的特奥运动员在虹口区开展系列活动。

9 月 28 日　北外滩地区第一幢 5A 级甲级写字楼——上海瑞丰国际大厦落成。

10月1日　中共中央总书记、国家主席、中央军委主席胡锦涛在国务院副总理回良玉、国务委员陈至立、上海市委书记习近平、上海市委副书记、市长韩正等陪同下，到曲阳社区“阳光之家”看望社区智障人士、特奥运动员和志愿者，慰问密云学校特教老师，并指出要在全社会大力弘扬高尚的人道主义精神和中华民族的传统美德。

10月1日　“2007年世界夏季特殊奥运会圣火”抵达虹口区。

10月2日至10日　第十二届世界夏季特殊奥林匹克运动会保龄球比赛在高点保龄球馆举行。

10月11日　中共四大会址纪念性保护标志落成仪式在东宝兴路、宝源路、轨道交通3号线交汇处原中共四大会址遗址举行。

10月17日　220 kV提篮桥输变电工程开工。工程于2009年10月竣工投入使用。

11月9日　上海多伦美术馆获“光华龙腾奖——2007中国创意产业年度大奖”称号。

11月10日　虹口区网上信访（投诉）中心向社会开通。

11月15日　“2007上海国际创意产业活动周”在虹口区1933老场坊开幕。

11月22日　中国剧协上海虹口小品创作基地挂牌。虹口区成为中国剧协在华东地区唯一小品创作基地。

11 月 23 日　虹口区被命名为“全国科普示范城区”。

11 月 26 日　落户虹口区的上海苏宁电器有限公司、上海国电海运有限公司和上海捷胜置业有限公司被命名为“2006 年度上海市百强私营企业”。上海苏宁电器有限公司是唯一一家跻身前 20 强的大型连锁零售业企业。

12 月 28 日　新建路越江隧道工程前期房屋拆迁基本完成，工程施工路段全部交地。至此，2007 年虹口区三大市政重大工程动迁工作圆满结束。

12 月 28 日　凉城新村街道社区文化活动中心（车站南路 340 号）建成开放，总面积 4033 平方米。

12 月 29 日　轨道交通 8 号线通车，虹口区境内有四平路站、曲阳路站和虹口足球场站。

二〇〇八年

1 月 2 日　中共中央政治局委员、上海市委书记俞正声到虹口区考察调研北外滩航运服务集聚区、北外滩开业园区、上海航运交易所和中共四大史料陈列馆。

1 月 4 日　虹口区被授予“全国双拥模范城”称号。5 月 13 日虹口区获“上海市双拥模范城”称号。自 1992 年起，虹口区已连续 6 次获“上海市双拥模范城”，连续 5 次获“全国双拥模范城”称号。

1 月 28 日　“奋飞的虹口”——2008 年区各界人士迎春联欢会千人交响合唱演出在虹口体育馆举行。

2 月 21 日　虹口区在大连西路 246 号（曲苑）举行邓小平视察曲阳社区 25 周年纪念活动暨邓小平塑像落成仪式。

2 月 26 日　虹口区残疾人联合会第五次代表大会召开。

2 月 28 日　中共虹口区委、虹口区人民政府召开表彰会，授予丁劲松等 24 人“第二届虹口区优秀中国特色社会主义建设者”称号。

2 月 29 日　虹口区社会组织促进会第一届第一次代表大会召开。该促进会是由在区社会团体管理局登记注册的社会团体和民办非企业单位自愿发起成立的，也是民政部关于民间组织改称为社会组织以来上海市第一家以社会组织促进会名义成立的社会团体。3 月 25 日虹口区知识分子联谊会（简称知联会）专业人士分会成立，为全市第一家区县知联会。

3 月 28 日　上海兴旺国际服饰城党员服务点在七浦路市场揭牌。

5 月 9 日　上海市经委、虹口区人民政府主办的“上海酒节论坛”在四川北路公园举行。

5 月 13 日　公安虹口分局紧急调集 5 名特警队员和 11 名消防官兵，连夜赶赴四川省汶川县抗震救灾第一线。

5 月 15 日　虹口区机关党工委举行支援地震灾区捐款仪式。当天募集捐款 493404 元。5 月 19 日至 26 日，组织机关党员交纳“特殊党费”，1389 名党员共捐款 773211 元。10 月 15 日，组织机关干部捐款 165925 元用于购买棉衣被。

5 月 29 日至 30 日　虹口区第十次妇女代表大会召开。

6 月 6 日　虹口区创业者协会成立并召开第一次会员大会。

7 月 14 日　上海国际航运研究中心成立揭牌仪式在虹口区举行。

8 月 5 日　意大利邮轮“爱兰歌娜”号停靠新建成的上海港国际客运中心

（俗称“一滴水”）码头，成为首艘在“一滴水”停靠的国际豪华邮轮，“爱兰歌娜”号所属歌诗达邮轮公司也迎来在中国第100航次。

8月5日　国内首个环境能源交易平台——上海环境能源交易所在中山北一路121号花园坊节能环保产业园开业，首批55个项目同时挂牌上市。

8月22日　虹口区印发《关于贯彻〈迎世博600天行动计划〉的实施意见》。

8月13日　解放军411医院赴汶川抗震救灾医疗队最后一批48名队员完成任务返沪。

9月1日　虹口区社区学院成立。

9月5日　在第三次全国文物普查中，发现周恩来早期在上海革命活动旧址——虹口区永安里（今四川北路1953弄）44号。1928年至1931年间，周恩来曾在这里居住。

9月13日　上海市第十二届彩电节在上海商务中心（曲阳路800号）开幕，10月5日闭幕。

9月19日　虹口区总工会第四次代表大会在区工人文体活动中心举行。

9月25日　四川北路海宁路路口人行天桥拆除。

9月26日　北外滩上海白玉兰广场举行开工奠基仪式。

9 月 28 日　第四届上海酒节在四川北路公园开幕。

10 月 23 日　2008 亚洲邮轮大会在上海港国际客运中心开幕。

11 月 15 日　中共上海市委副书记、市长韩正到北外滩航运服务集聚区察看商务楼宇、沿江绿化和商业配套项目建设情况，并在上海港国际客运中心会见出席七大集团（公司）(中国中化集团、中国远洋运输集团、中国海运集团、瑞士地中海航运公司、上海地产集团、上海建工集团、上海国际港务集团）入驻北外滩航运服务集聚区签字仪式负责人。

11 月 25 日　上海市侨商会虹口区分会成立。

11 月 28 日　虹口区人才服务工作站成立暨揭牌仪式在宝矿大厦举行。

12 月 21 日　中国国民党荣誉主席连战携夫人参观 1933 老场坊创意产业集聚区。

12 月 27 日　区境内上海家化联合股份有限公司 110 周年庆典仪式举行。

二〇〇九年

1月11日　第七届（2008）中国政府网站绩效评估结果发布暨经验交流会在北京召开。上海虹口门户网站在300余家副省级以上城市所辖区县政府网站中获第一名。

1月12日　《2008—2009中国邮轮发展报告》媒体见面会在区机关大楼举行。该报告由中国交通运输协会邮轮游艇分会与虹口区人民政府共同完成，是中国首次发布的邮轮经济研究报告。

2月4日　马耳他籍皇家加勒比公司精钻系列邮轮“探索号”首航上海，停靠北外滩上海港国际客运中心码头。

2月13日　虹口区重点企业招待会在外滩茂悦大酒店举行，获得2008年度纳税特殊贡献奖、纳税重大贡献奖和纳税贡献奖的121家重点企业受到表彰。

2月14日　皇家加勒比公司旗下“海洋神话号”邮轮首航上海，停靠北外滩上海港国际客运中心码头。

2月20日　虹口区人民政府机构改革工作会议召开。区政府机构由原27个改革为25个，其中按照上海市委、市政府规定设置23个，结合区经济社会发展和功能定位设置 2 个。

3 月 4 日　周恩来在沪早期革命活动旧址揭牌仪式在多伦路 215 号举行。

3 月 6 日　中共虹口区委召开开展深入学习实践科学发展观活动动员大会。活动按市委要求分学习调研、分析检查、整改落实 3 个阶段，为期 6 个月，区四套班子和 62 个处级单位 5449 名党员干部参加“学习实践活动”。

3 月 12 日　虹口区“两新”组织 2009 年党建工作会议暨开展深入学习实践科学发展观活动动员大会召开。

3 月 14 日　皇家加勒比邮轮公司“海洋神话”号首航台湾仪式在北外滩上海港国际客运中心码头举行。

3 月 21 日　“上海国际航运服务中心”开工仪式在北外滩汇山地块举行。

3 月 30 日　广中路（广中路桥—水电路）道路拓宽工程全面竣工。

4 月 10 日　修复后的外白渡桥恢复机动车通行。

4 月 22 日　虹口区第九次居委会换届选举工作动员大会召开。换届选举工作至 8 月底结束，参加换届选举居委会 223 个，其中直选 199 个。

4 月 25 日　意大利歌诗达集团“经典号”国际邮轮上海母港首航庆典仪式在北外滩上海港国际客运中心码头举行。

5月2日　虹口区防控甲型H1N1流感紧急工作会议召开。会议明确：成立虹口区防控甲型H1N1流感工作小组对全区防控工作进行统一领导。

5月25日　上海国际航运仲裁院揭牌仪式在市政府会议厅举行。上海国际航运仲裁院设在北外滩瑞丰国际大厦内。

6月16日　推进上海海事仲裁工作暨上海海事仲裁院揭牌仪式在上海大厦举行。

6月25日　中共中央政治局委员、上海市市委书记俞正声，上海市市委副书记、市长韩正率中心城区党政负责人到北外滩上海港国际客运中心调研。

6月25日至26日　共青团虹口区第十二次代表大会召开。

6月26日　上海国际邮轮经济研究中心成立暨上海国际邮轮人才培养基地揭牌仪式在外滩茂悦大酒店举行。

7月1日　皇家加勒比邮轮有限公司上海代表处办公新址揭幕仪式在北外滩国际港务大厦举行。

8月3日　虹口区体育局连续九年被国家体育总局授予“全民健身活动优秀组织奖”称号。

8 月 26 日　取材于曲阳社区“阳光之家”建设发展过程中真人真事的话剧《灿烂的阳光》作为庆祝中华人民共和国成立 60 周年汇报演出剧目在北京献演。

9 月 1 日　中共上海市委副书记、市长韩正视察虹镇老街 4 号地块旧区改造项目。

9 月 2 日　中共上海市委副书记、市长韩正率市发改委、经信委、建交委、金融办等市有关委办到虹口区开展节能服务产业调研。

9 月 8 日　虹口区召开学习实践科学发展观活动第一批总结暨第二批动员大会。

9 月 12 日　虹口区档案馆晋升为国家二级综合档案馆。

9 月 28 日　“北外滩·浦江国际金融广场”开工奠基典礼举行。

9 月 28 日　第五届上海酒节暨“1933 洋酒专场”开幕式分别在四川北路公园、1933 老场坊举行。

9 月 29 日　庆祝中华人民共和国成立 60 周年文艺晚会暨 2009 上海旅游节四川北路欢乐节开幕式在虹口足球场举行。欢乐节持续至 10 月 3 日结束。

10 月 16 日　虹口区首家小额贷款公司——上海虹口中科小额贷款股份有限公司成立。

11 月 6 日　第六届德律风杯虹口区公民道德建设小品大赛决赛暨社区巡演启动仪式在广中社区文化活动中心举行。

11 月 9 日　乍浦路街道、新港路街道建制撤销，其辖区分别划入提篮桥街道、四川北路街道和嘉兴路街道。

11 月 16 日　中共虹口区委印发《中共虹口区委关于加强和改进新形势下党的建设的若干意见》。

11 月 17 日　虹口区首个经济适用房建设项目——丰镇路 199 号地块“华虹苑”开工奠基仪式举行。

11 月 24 日　虹口区文化艺术馆党总支书记、副馆长俞志清被授予“全国文化系统先进工作者”称号。

11 月 26 日　虹口区与以色列海法市海姆区建立友好城区关系。

12 月 2 日　虹口区居民区党支部书记培训班在上海市社会工作培训中心开班，全区 235 个居民区党支部书记参加。

12 月 3 日　上海交通运输和物流研究中心揭牌仪式在北外滩举行。

12 月 18 日　虹口区首家上市中小企业——上海普利特复合材料股份有限公司经中国证监会发行审核委员会批准，在深交所中小企业板上市，首次公开发行 3500 万股 A 股。

12 月 23 日　虹口商业（集团）有限公司成立。

12 月 29 日　虹口区中小企业发展促进中心成立暨区中小企业网开通仪式举行并揭牌。

二〇一〇年

1月21日　中国交通运输协会邮轮游艇分会、虹口区人民政府、上海国际航运研究中心共同出版的2009年《中国邮轮发展报告》发布。

1月23日　虹口区对口援建的四川省都江堰市虹口乡乡村道路项目——飞虹路竣工通车仪式举行。

2月9日　中共上海市委副书记、市长韩正到虹口区检查元旦春节帮困送温暖工作，并走访慰问困难家庭。

2月22日　虹口区获上海市平安城区称号。

3月1日　虹口区重点企业表彰招待会在外滩茂悦大酒店举行。上海港国际客运中心开发有限公司等118家企业、单位受表彰。

3月3日　“虹口区迎世博誓师动员大会”在虹口体育馆举行。

3月5日　中共虹口区委深入学习实践科学发展观活动总结大会召开。2009年10月至2010年3月，组织开展全区第二批学习实践活动，涉及居民区、教育系统、“两新”组织等基层党组织536个，党员38046人。

3月28日　外滩综合改造工程（包括外滩地道虹口段）竣工典礼在外滩滨水平台举行。

4月3日　中共中央政治局委员、上海市委书记俞正声到曲阳路派出所视察世博安保工作。

4月10日　轨道交通10号线试运行。该线在虹口区境内设有天潼路、四川北路、海伦路、邮电新村4个站点。

4月18日　虹镇老街3号地块签约居民乔迁庆典举行，驻区部队为该地块百户动迁居民集体搬家。

4月19日　上海益民食品一厂历史展示馆分别被市政府、区政府命名为“上海市爱国主义教育基地”“虹口区爱国主义教育基地”。

4月30日　韩国总统李明博夫妇到鲁迅公园梅园参观。

5月13日　梁惠英工作室在虹口区拆迁调解对接中心揭牌。

5月14日　中共上海市委副书记、市长韩正到虹口区调研信访突出矛盾化解工作。

5月14日　国家数字出版基地（虹口园区）授牌仪式暨中国出版集团公司上海数字出版大楼奠基仪式在大柏树中国出版蓝桥创意产业园举行。

6月23日　中共中央政治局委员、市委书记俞正声到虹口区调研。

7月16日　国家新闻出版总署批准建立的国家音乐产业基地音乐制作中心落户虹口区音乐谷。

7月29日　中共上海市委副书记、市长韩正到虹口区世博安保部队营地，慰问奋战在世博安保第一线部队官兵。

7月30日　虹口区民防指挥所竣工启用暨区民防指挥信息保障中心成立仪式在区民防指挥大厅举行。

8月12日　虹口区与青浦区城乡党组织结对共建签约仪式在青浦区委党校举行。

9月4日　第十四届上海彩电节在上海商务中心家电城开幕。

9月10日　冰岛总统奥拉维尔·拉格纳·格里姆松携世博会参展儿童剧《懒镇》到广中社区文化活动中心开展文化交流。

9月27日　第六届上海酒节开幕式在四川北路公园举行。

9月29日　虹口区庆祝中华人民共和国成立61周年晚会暨2010上海旅游节四川北路欢乐节开幕式在虹口足球场举行。

11月24日　中共中央政治局委员、上海市委书记俞正声到虹口区参加区委常委会民主生活会。

12月7日　中共上海市委副书记、市长韩正到虹口区调研经济建设和民生保障工作。

12 月 9 日　虹口区创新机制推进社会建设大会召开。会上下发《中共虹口区委、虹口区人民政府关于进一步加强社会建设的实施意见》《中共虹口区委、虹口区人民政府关于深化“三全”工作法，促进社会生活共同体建设的若干意见》。

12 月 23 日　中共上海市委副书记、市长韩正率专项检查组到虹口区检查党风廉政建设责任制、推进惩防体系建设和基层党建工作责任制落实情况。

12 月 27 日、29 日　中国 2010 年上海世博会总结表彰大会和上海市世博会总结表彰大会分别在北京、上海举行。虹口区曲阳路街道办事处和胡蕴琪、朱炳洪受到党中央、国务院表彰；虹口区住房保障和房屋管理局、四川北路街道办事处等 6 个集体和杨如明等 10 位个人受到市委、市政府表彰。

12 月 28 日　虹口区图书馆、虹口区文化艺术馆（水电路 1412 号）新馆举行开馆典礼。

二〇一一年

1月6日　“虹口区世博会总结表彰大会”在虹口区工人文体活动中心举行。

1月13日　中共上海市委同意在虹口区四川北路公园建设中共四大纪念馆。

2月18日　虹口区2011年经济工作会议暨重点企业表彰会召开。

2月28日　虹口区人民政府印发《虹口区安全社区建设实施意见》，全面启动安全社区建设。

2月　虹口区体育局获2010年市全民健身活动优秀组织奖。该局已连续11年荣获该奖项。

3月25日　第一届北外滩财富与文化论坛在外滩茂悦大酒店举行。

4月7日　虹口区印发《关于加快虹口区旅游业发展的实施意见》。

4月14日　虹口区人民政府法律服务咨询委员会成立。

4 月 14 日　虹口区人民政府印发《关于加强本区法治政府建设的实施意见》。

4 月 26 日　中共上海市委副书记、市长韩正到虹口区调研推进信访突出矛盾化解工作，察看区信访联合接待大厅运行情况。

4 月 26 日　虹口区大型保障性住宅规划建设领导小组会议召开，审定大型保障性住宅基地“彩虹湾”总体规划方案。

5 月 3 日　1933 老场坊空中剧场建成启用暨中小企业文化服务公共平台启动仪式举行。

5 月 19 日　淞沪铁路江湾站旧址揭幕仪式举行。

5 月 26 日至 27 日　全国思想政治工作加强人文关怀和心理疏导现场经验交流会在虹口区举行。

5 月 30 日　虹口区被中国科协命名为“2011—2015 年度全国科普示范区”。

5 月　在 2010 年度市政府信息公开考核评估中，虹口区政府被评为优秀单位。虹口区已连续第 5 年被评为优秀，继 2009 年后再次获得全市各区县第一。

6 月 24 日　中共四大纪念馆开工典礼在四川北路公园举行。中共中央政治局委员、上海市委书记俞正声，上海市委副书记、市长韩正等出席。

6 月 25 日　苏宁电器曲阳旗舰店（虹口区第二家门店）开门迎客。

7 月 22 日　世界海事大学上海代表处落户北外滩，成立揭牌仪式在虹口三至喜来登酒店举行。

8 月 2 日　虹口区与青浦区开展结对共建活动。青浦区 21 名社会工作者分赴凉城新村街道、欧阳路街道进行为期 1 个月的挂职锻炼。

8 月 4 日　虹口区印发《关于加快推进本区残疾人事业发展的实施意见》。

8 月 9 日　2011 年虹口区运动会在虹口足球场正广场举行开幕式。11 月 18 日闭幕。

8 月 25 日　上海市孙中山宋庆龄文物管理委员会和虹口区共同主办的“辛亥革命百年纪念大型图片展——辛亥革命与虹口”开幕式在虹口区图书馆举行。

8 月 26 日　“犹太难民与上海”展览在柏林中国文化中心展出。

8 月 30 日　上海航运产业基金管理有限公司开业入驻仪式在北外滩举行。

9 月 26 日　第七届上海酒节在 1933 老场坊开幕。

9 月 27 日　虹口区庆祝中华人民共和国成立 62 周年文艺晚会暨 2011 上海旅游节 · 四川北路欢乐节开幕式在虹口足球场举行。

9月28日　上海中心城区最大的保障性住宅社区"彩虹湾"一期项目开工仪式在江湾镇地区原第二纺织机械厂厂区工地举行。

9月28日　百联虹口购物中心（同丰路699号）举行开业庆典仪式。

10月15日　虹口区第一批经济适用房申请家庭摇号排序现场会在区工人文体活动中心举行，3220户申请家庭通过摇号排定选房顺序。11月1日，第一批经适房开始按号选房，11月14日选房工作结束。

11月18日　歌诗达邮轮船务（上海）有限公司在上海港国际客运中心码头举行成立仪式，中国首家外商独资邮轮船务公司落户上海北外滩。

12月2日　"上海虹口"政府门户网站获"第十届（2011）中国政府网站绩效评估"全国第19名、上海第2名。

12月7日　虹口区获"2006—2010年全国法制宣传教育先进区"称号。

12月13日至15日　中共虹口区第九次代表大会在区工人文体活动中心召开。

12月20日　曲阳路街道办事处荣获全国文明单位"三连冠"，凉城新村街道办事处首获全国文明单位称号。

12月23日　2011年上海低碳产业论坛暨上海环境能源交易股份有限公司揭牌仪式在上海花园坊节能环保产业园举行。

12月28日　2011年虹口区政府实事项目——虹口区婚姻（收养）登记中心（巴林路76号）启用。

12月30日　资产规模排名全国银行业第五、网点数量世界第一的中国邮政储蓄银行在上海设立的总部型机构落户北外滩。

12月　《上海市虹口区志（1994—2007）》出版。

是年　完成《虹口区国民经济和社会发展第十二个五年规划纲要》编制。

二〇一二年

1 月 3 日至 7 日　虹口区第十三届政协第一次会议举行。

1 月 4 日至 8 日　虹口区第十五届人民代表大会第一次会议举行。

2 月 14 日　虹口区第二批经济适用房摇号现场会在虹口体育馆举行，共有 690 户家庭申请摇号。

2 月 24 日　虹口区启动“安居工程”，该工程覆盖全区 5000 余名 80 岁以上独居老人。

2 月 27 日　2012 年区重点纳税企业表彰招待会举行。授予上海港国际客运中心开发有限公司等 144 家企业 2011 年度纳税特殊贡献奖、重大贡献奖和贡献奖。

3 月 15 日　上海市邮政公司虹口区邮政局（吴淞路 529 号）成立揭牌仪式举行。

3 月 19 日　第二届北外滩财富与文化论坛在浦江饭店举行。

3月22日　中共上海市委副书记、市长韩正到虹口区调研区域经济转型发展和旧区改造工作，到梁惠英人民调解工作室与来访群众和工作人员亲切交谈。

3月24日　“爱在四川北路2012上海东方女儿节暨第四届虹口女儿节活动”在凯德龙之梦虹口购物中心举行。

3月28日　上海国际航运服务中心落成庆典仪式举行。该中心位于杨树浦路18号，原址为上海港运大厦，2009年3月开工，历时3年完工，总建筑面积47782平方米，地上31层，地下2层。

4月1日　中央电视台、新华社、《解放日报》、《文汇报》、《新民晚报》、上海广播电视台和东方网等多家市级以上媒体记者集体采访梁惠英事迹座谈会召开。

4月5日　虹口区旧改指挥部党组成立。

4月10日　第七届“中华慈善奖”在北京揭晓。四川北路街道居民、旅日归侨易解放被评为最具爱心慈善楷模。

4月10日　虹口区科学技术协会第八次代表大会召开。

4月14日　虹口区首批市筹公共租赁住房选房现场会在曲阳路街道社区文化活动中心举行。266户申请人获得市筹公共租赁住房“新江湾尚景园”项目选房资格。

4月18日　上海海事大学亚洲邮轮学院成立仪式在北外滩上港花园举行，同时发布《2011—2012 中国邮轮发展报告》。

4 月 25 日　《中共虹口区委、虹口区人民政府关于开展向梁惠英学习活动的决定》发布。

5 月 16 日　北外滩小额贷款股份有限公司开业典礼暨签约仪式在上海大厦举行。

5 月 22 日　中共虹口区委、虹口区人民政府联合举行梁惠英先进事迹报告会。

5 月 23 日　全国社区思想政治工作加强人文关怀和心理疏导研修班在凉城社区开展现场教学活动。

5 月 25 日　位于四川北路 888 号的上海乐购士旗舰店举行开业典礼。

6 月 6 日　虹口区首次青年工作联席会议召开。

6 月 18 日　反映虹口区旧区改造的情景剧《告别最后的棚户人家》在虹口区工人文体活动中心首演。

6 月 27 日至 29 日　共青团上海市虹口区第十三次代表大会召开。

6 月 29 日　2012 年上海市虹口区市民运动会在虹口足球场正广场举行开幕式。11 月 16 日，在虹口足球场闭幕。自 2 月 16 日开赛以来，全区 109 个代表团参加 50 个大项、近千场赛事及展示活动，参与市民人数超过 25 万人次。

7 月 6 日　中共中央政治局委员、上海市委书记俞正声到虹口区视察曲阳路街道林云居委会，了解林云小区“全天候接待、全方位受理、全过程负责”的“三全工作法”居委服务模式。随后，到虹镇老街了解旧区改造推进情况。

7 月 10 日　注册在虹口区的文化影视企业——上海新文化传媒集团股份有限公司在深圳证券交易所创业板成功上市，成为上海第一家登陆国内 A 股市场的影视制作公司。

7 月 16 日　北外滩滨江绿地国客中心段向社会开放。北外滩滨江绿地总占地超过 16 万平方米，国客中心段绿地位于虹口港以东，高阳路以西的上海港国际客运中心区域内，总面积达 64088 平方米。

7 月 26 日　虹口区文化商会成立。

8 月 6 日至 15 日　上海市开展第二届“光荣与力量——感动上海年度十大人物评选活动”，虹口区人民调解委员会调解员梁惠英荣膺第二届“感动上海年度十大人物”。

8 月 7 日　虹口区培养的运动员黄雪辰和队友刘鸥在伦敦奥运会上，以 192.87 的总分获得花样游泳双人自由自选决赛铜牌，收获中国花样游泳在奥运会双人项目上的首枚奖牌。

8 月 22 日　中共上海市委副书记、市长韩正到虹口区开展市领导联系区县活动，听取虹口区信访工作情况汇报。

9 月 5 日至 10 月 14 日　2012 上海国际灯会在鲁迅公园举办，其间共接待游客 210 万人次。

9 月 7 日　中共四大纪念馆开馆。中共中央政治局委员、上海市委书记俞正声，中共中央党史研究室主任欧阳淞出席开馆仪式并讲话。中共上海市委副书记、市长韩正，中共中央党史研究室副主任李忠杰等出席。

9 月 17 日　2012 上海旅游节 · 四川北路欢乐节在虹口足球场开幕。欢乐节期间还举办北外滩邮轮文化节、微摄影主题展等活动。

9 月 19 日　第八届上海酒节在虹口足球场开幕。

9 月 21 日　第二届北外滩邮轮文化节在上海港国际客运中心音乐广场举行。

9 月 26 日至 28 日　第三届亚洲邮轮大会在北外滩上海港国际客运中心邮轮码头举办。

9 月 28 日　中美信托金融大厦开工仪式举行。该项目地处虹口区南部天潼路吴淞路口，占地面积 12800 平方米，建筑面积约 12.3 万平方米。

10 月 9 日　“浪漫甜爱路”上海邮政首家“爱情主题邮局”专题纪念邮品首发仪式在鲁迅公园举行。

10 月 24 日　虹口区自筹“彩虹湾”公租房项目开工。

10 月 25 日　虹口区获“上海市政务微博工作先进单位”称号。

11 月 27 日　虹口区青年联合会第七届委员会第一次全体会议举行。

11 月 28 日　2012 上海航运交易论坛在外滩茂悦大酒店举行。8 月，交通运输部授予北外滩“航运服务总部基地”称号，北外滩成为全国第一个航运服务领域的“总部基地”。

二〇一三年

1 月 15 日　虹口区与四川省巴中市缔结友好城区签约仪式在区机关大楼举行。

2 月 24 日　虹口区文化艺术馆俞志清创作的小品《回家过年》登上中央电视台元宵晚会。

2 月 25 日　2013 年虹口区重点纳税企业表彰会召开。

2 月 27 日　上海市中西医结合医院“三级甲等中西医结合医院”揭牌。

3 月 6 日至 7 日　虹口区第十一次妇女代表大会举行。

3 月 18 日　虹口区人民政府被授予“上海市质量兴区先进区县”称号。

3 月 22 日　首届“沪台两地社区工作论坛”在欧阳路街道举行。

3 月 23 日　首届上海市民文化节虹口社区市民文化节开幕暨金光大舞台启用仪式举行。

3 月 31 日　第三届北外滩财富与文化论坛在上海港国际客运中心举行。

4 月 7 日　丽星邮轮“双子星号”首航仪式在北外滩上海港国际客运中心举行，标志着全球三大邮轮集团全部落户上海。

5 月 7 日　以色列国总理内塔尼亚胡赴上海犹太难民纪念馆出席“大西洋咖啡馆”启用仪式并剪彩。

5 月 7 日　中共虹口区委、虹口区人民政府发布《中共虹口区委、虹口区人民政府关于开展向杨如明学习活动的决定》。

5 月 9 日　《虹口区人民政府关于发布虹口区区长质量奖管理办法的通知》发布。

5 月 22 日　2013 年亚洲航运财富论坛（Asia Shipping Fortune）在北外滩召开。

6 月 4 日　上海市戏剧家协会虹口小戏小品创作基地在虹口区文化馆揭牌，为中国剧协在华东地区建立的唯一一个小戏小品创作基地。

6 月 14 日　上海市旅游局和市文广影视管理局共同发布首批“21 家上海影视拍摄取景地”推荐名单。虹口区浦江饭店（黄浦路 15 号）、外滩茂悦大酒店（黄浦路 199 号）、上海港国际客运中心（东大名路 500 号）、1933 老场坊（溧阳路 611 号）入选。

6 月 15 日　虹口区首条“最后一公里”公交线路 1219 路通车。该线路是连接瑞虹新城、虹镇老街居民区及轨交 4 号线临平路站、易买得等大型超市的一条环线。线路全长为 5 公里，双向设 11 个站点：飞虹路临平路、飞虹路保定路、飞虹路大连路、周家嘴路保定路、周家嘴路公平路、公平路周家嘴路、瑞虹路新港路、新港路瑞虹路、天宝路新港路、天宝路临平路、临平路张家巷。

6 月 25 日　第四届中国国际航运文化节在虹口区 1933 老场坊开幕。

7 月 19 日　虹口区律师行业工会联合会成立。

7 月 28 日　位于柳营路的上海现代照明产业生产性服务业功能区揭牌。历时七年改造建成的上海灯具城同时开业，为全国首个照明行业生产性服务业功能区。

8 月 5 日　上海犹太难民纪念馆经上海市志愿者协会考核，被评为上海市志愿者服务基地。是上海市志愿者服务基地中首个采用中英文双语对照标识的基地。

9 月 3 日　中共中央政治局委员、上海市委书记韩正到虹口区第四中心小学视察学校新学期开学情况，并向全体教师送上节日祝贺。

9 月 23 日至 28 日　2013 上海邮轮旅游节开幕式在北外滩滨江绿地音乐广场举行。

9 月 27 日　北外滩公用型保税仓库授牌启用。

10 月 9 日　中共中央政治局委员、上海市委书记韩正到嘉兴路街道慰问 104

岁老人庄润身。

10 月 18 日　国内首个专业型功能性对冲基金集聚地——上海对冲基金园在北外滩正式开园。

10 月 21 日　上海精武体育馆挂牌仪式暨“中国梦·精武魂”2013 精武体育文化高峰论坛在虹口体育馆和三至喜来登大酒店举行。

10 月 22 日　虹口区、普陀区、青浦区第三轮城乡党组织结对共建签约仪式在青浦区委党校举行，三区区委书记分别代表各区签订城乡结对共建协议，虹口区曲阳社区党工委与青浦区练塘镇党委签约结对共建。

11 月 1 日　虹口区创建国家卫生城区动员大会召开。

11 月 6 日至 8 日　第九届上海酒节在上海世博展览馆举行。酒节展出面积达 1.3 万平方米，规模为历届上海酒节之最。

11 月 8 日　虹口区卫生和计划生育委员会组建成立。

11 月 13 日　虹镇老街旧改银团贷款签约暨项目奠基仪式在瑞虹新城项目地块举行。国家开发银行牵头 5 家银行组建银团，向上海中心城区最大的旧城改造项目提供百亿元贷款，用于支持虹镇老街旧改征收和新建项目。

11 月 26 日　上海市碳排放交易市场启动仪式在位于虹口区花园坊环保节能产业园内的上海环境能源交易所举行。

12 月 3 日　　位于四川北路 859 号的中信广场开业。

12 月 3 日　　虹口区被评为上海市区（县）档案事业发展综合评估先进单位。

12 月 9 日　　精武体育公园（原曲阳公园）挂牌暨精武文化研究中心成立仪式举行。

二〇一四年

1 月 10 日　提篮桥街道社区事务受理服务中心（新建路 195 号）投入运行。该中心建筑面积 1500 平方米，设 16 个服务窗口，其中 8 个为“一口受理”窗口。

1 月 26 日　中共虹口区委召开党的群众路线教育实践活动领导小组第一次会议。会议审议《中共虹口区委关于深入开展党的群众路线教育实践活动的实施方案》《中共虹口区委党的群众路线教育实践活动动员大会（含民主评议）方案》。

2 月 17 日　中共虹口区委、虹口区人民政府在区机关大楼举行表彰会，表彰和奖励 2013 年度为区域经济发展作出突出贡献的重点纳税企业和楼宇（园区）。

3 月 19 日　虹口区居委会减负增能联席会议暨居委会工作“一点通”现场发布会在曲阳社区文化活动中心召开。

3 月 23 日　第四届北外滩财富与文化论坛在上海浦江饭店举行。

4 月 8 日　中共上海市委副书记、市长杨雄到虹口区调研。

4 月 16 日　十二届全国政协副主席、香港特别行政区第一任行政长官董建华到上海犹太难民纪念馆参观。

4 月 28 日　中共中央政治局委员、上海市委书记韩正到曲阳路街道林云居委会，调研基层减负增能“一点通”工作。

5 月 8 日　虹口区人民政府与中国电信上海公司举行“推动智慧虹口信息化建设”签约仪式，就共同推进“智慧虹口”信息化建设开展全面合作。

5 月 12 日　中共中央政治局委员、上海市委书记韩正到虹口区社会组织孵化基地调研了解虹口区人民调解工作、参与旧改和公益项目建设、人民调解员队伍建设等情况，以及在“亚信峰会”期间虹口区运用“六查六联动”方法排摸化解社区矛盾纠纷基本情况。

5 月 13 日　东长治路—长阳路（旅顺路—大连路）道路拓宽改建工程竣工，实现双向通车。

6 月 4 日　广中路北地道工程主体结构贯通。该项目获“2013 年度上海市文明工地”称号。

7 月 3 日　虹口区女侨胞联谊会成立大会召开。

8 月 15 日　第十三届世界精武武术文化大会在精武体育馆开幕。会前，在精武体育公园（曲阳公园）举行一代精武宗师霍元甲铜像和精武 18 铜人落成典礼。

8月19日　中共虹口区委、虹口区人民政府召开区居委会减负增能工作联席会议暨居委会工作“一点通”全区实施推进会。

8月28日　鲁迅公园改造后重新开放。该工程于2013年8月28日开工。

9月14日　2014上海旅游节四川北路欢乐节暨2014上海购物节虹口系列活动在虹口足球场开幕。

9月30日　虹口区举行首个“烈士纪念日”系列活动。

10月11日　虹口区党的群众路线教育实践活动总结大会召开。

10月17日　虹口区市场监督管理局挂牌成立。

10月18日　“上海风险投资中心”挂牌成立。“上海北外滩金融研究院”和“上海对冲基金研究中心”同时揭牌。

10月18日　2014第十届上海酒节在北外滩开幕。

11月27日　上海航运交易所、虹口区人民政府共同主办的2014年航运交易论坛举行。其间，上海航运交易所和厦门航运交易所联合开发的台湾海峡两岸间集装箱运价指数（简称“TWFI”）发布。

12月3日　“精武武术”入选第四批国家非物质文化遗产代表性项目名录。

12月3日　国家“指南针计划”专项青少年基地建设项目现场会在区青少年

活动中心举行。

12 月 10 日　2014 年虹口区文明委全体会议（扩大）会议召开，对创建上海市文明城区工作进行动员。

12 月 24 日　中国交通运输协会邮轮游艇分会、虹口区人民政府、上海国际航运研究中心联合编制的《2014 中国邮轮发展报告》发布。

12 月 25 日　上海大柏树科技创新中心在上海财大科技园揭牌成立。

二〇一五年

1月14日　2015年虹口区双拥工作领导小组扩大会议暨创建双拥模范城区动员会召开。

1月30日　虹口区创建国家卫生区工作总结会暨领导干部深入社区“面对面、两服务”工作推进会召开。

2月25日　虹口区街道党工委更名揭牌仪式举行。街道党工委更名为社区（街道）党工委。

3月6日　虹口区2015年重点企业及重点楼宇（园区）表彰会举行。203户重点企业、10幢重点商务楼宇和6个重点园区获表彰。

3月22日　第五届北外滩财富与文化论坛在浦江饭店举行。

3月24日　虹口区改革投资服务体制暨区投资服务分中心揭牌仪式举行。成立区投资服务中心第一至第五分中心。

3月　虹口区获上海市“优秀创建城区”称号，成为上海市首批（12个）通过“市创业型城区”达标评审的城区之一。

4 月 1 日　中共虹口区委召开“宏才工程”实施推进工作会。

4 月 29 日　鲁迅公园梅轩修缮后重新开放。

5 月 8 日　虹口区推进政府机构改革创新社会治理大会召开。区政府机构改革后，部门总数调整为 26 个。街道内设机构按“6+2”模式设置。

5 月 20 日　虹口区城市管理行政执法局成立。

5 月 28 日　2015 上海虹口创业峰会举办。全市青年梦想创业中心第一个区县分中心——青年梦想创业中心（虹口分中心）揭牌。

6 月 4 日　中共上海市委副书记、市长杨雄到虹口区调研 2015 年 1—5 月份经济运行和重点工作推进情况以及虹口区“十三五”规划编制情况。

6 月 10 日　全球规模最大的疏浚公司中交疏浚（集团）股份有限公司落户虹口区。

6 月 11 日　虹口区无线电管理办公室揭牌。

6 月 12 日　虹口区与黑山共和国巴尔市建立友好区市关系签约仪式举行。

6 月 20 日　“20 世纪三四十年代犹太难民上海生活档案”入选上海市第二批档案文献遗产名录。

7 月 10 日　虹口区金融服务局成立。

7 月 18 日　虹口区各街道完成居委会换届选举工作。213 个居委会中有 204 个居委会参加换届选举，全部采用直接选举的方式；9 个居委会因旧区改造延期选举。

7 月 29 日　上海航运交易所发布“一带一路”货运贸易指数与“海上丝绸之路”运价指数。

7 月 30 日至 31 日　共青团上海市虹口区第十四次代表大会召开。

8 月 25 日　虹口区区域化党建工作联席会议成立大会召开。大会通过《虹口区域化党建工作联席会议工作章程（试行）》《虹口区域化党建工作联席会议成员单位名单》，向 8 个街道区域化党建工作联席会议授牌。

8 月 26 日　上海犹太难民纪念馆新展暨新建纪念设施“白马咖啡馆”开放仪式举行。

9 月 8 日　“上海花园坊节能技术有限公司院士专家服务中心”和“上海普利特复合材料股份有限公司院士专家工作站”揭牌。

9 月 15 日　2015 上海旅游节四川北路欢乐节、2015 上海购物节虹口系列活动在虹口足球场开幕。

9 月 26 日　2015 第十一届上海酒节在北外滩开幕。

9 月 28 日　“中华武术文化全球推广”发布会和精武学堂揭牌仪式在东宝兴路精武学堂广场举行。

10 月 10 日　虹口区全面推进依法治区工作会议召开。

10 月 13 日至 15 日　第十届中国邮轮产业发展大会在虹口区举行。

10 月 14 日　虹口区历史文化保护研究中心成立仪式举行。

12 月 7 日　上海市“漂亮楼道、文明弄堂”建设现场会在虹口区举行。

12 月 8 日　“虹口 SOHO”正式交付使用，“虹口 SOHO”总建筑面积约 9.5 万平方米，位于武进路吴淞路口。

12 月 9 日　虹口区居委会工作“一点通”现场推进会暨 2015 年居委会减负增能联席会议在欧阳路街道召开。

12 月 11 日　虹口区网上政务大厅上线运行，成为全市首批完成网上政务大厅框架建设并开展试运行工作的区县之一。

12 月 16 日　解放日报社主办的“新‘区势’· 新传播——2015 上海政务新媒体论坛”举行。“上海虹口”官方微信荣膺 2015 年上海政务新媒体 10 强。

二〇一六年

1月13日　虹口区在全市率先成立区人大常委会街道工作委员会。

1月14日　上海文化发展基金会海派文化发展专项基金成立暨海派文化中心筹建启动仪式在中共四大纪念馆西馆举行。

1月23日至25日　上海36年不遇的“霸王级”寒潮席卷申城。恶劣天气导致区内6400余户居民家中水管爆裂。

1月25日　上海石库门文化保护传承基地揭牌仪式在上海音乐谷上海石库门文化研究中心举行。

2月2日　2016年区重点企业及楼宇（园区）表彰会召开，238家企业、9幢楼宇、8个园区获表彰。

2月2日　虹口区人民政府与上海财经大学合作共建上海财经大学附属上海市北郊高级中学签约仪式举行。

2月21日　“春天的故事——邓小平生平业绩图片展”在曲阳社区文化活动中心展出。展览由中共上海市委党史研究室、中共四川省广安市委和中共上海市虹口区委共同举办。截至5月20日，全市共有

2 万多名市民参观。

2 月 29 日　中国交通运输协会邮轮游艇分会、虹口区人民政府、上海国际航运研究中心联合编制的《2015 年中国邮轮产业发展报告》发布。

3 月 23 日　德国总统高克（Joachim Gauck）参观上海犹太难民纪念馆。

3 月 24 日　第六届北外滩财富与文化论坛在浦江饭店举行。

4 月 15 日　第二届沪台社区工作论坛在江湾镇街道召开。

5 月 3 日　上海市首家群团工作服务站——虹口区群团工作服务站在柳营路 35 号成立。

5 月 18 日　海南路 97 号地块在上海市房地产交易中心土地交易市场顺利挂摘牌，前海人寿保险股份有限公司以 7.5 亿元竞得该地块的国有建设用地使用权，并签订合同。

5 月 31 日　中国第一家国际保赔管理公司——中船保商务管理有限公司在虹口成立。

6 月 20 日　虹口区历史文化风貌区和优秀历史建筑保护委员会及办公室成立暨揭牌仪式举行。

7 月 11 日　全国首家航海邮局在中国邮政集团公司上海市虹口区分公司提篮桥支局成立。

7月18日　中共上海市委副书记、市长杨雄到虹口区调研。

7月28日　虹口区召开“解放思想大讨论——我为虹口献一计”部署大会。至年底，征集社会各界“金点子”近1000个。

8月10日　虹口区首家街道社会组织服务中心——欧阳路街道社会组织服务中心成立。

8月25日　虹口区域化党建工作联席会议2016年度工作会议在建投书局会议室举行。会上，虹口区首本《虹口区域化党建资源手册》发行。

8月30日　2016年虹口区精神文明建设暨创建上海市文明城区工作总结表彰大会召开。

8月30日　虹口区推进“全岗通”工作深化居委会自治能力建设大会举行。

9月1日　中共中央政治局委员、上海市委书记韩正到北外滩察看滨江公共空间贯通工程推进情况。

9月12日　第一届全国文明家庭表彰大会在北京举行，虹口区易解放家庭获“全国文明家庭”称号。

9月19日　2016上海旅游节·四川北路欢乐节暨上海购物节虹口系列活动在虹口足球场开幕。

9 月 20 日　科技部和上海市人民政府明确虹口区为国家绿色技术银行总部及相关产业承载区。银行总部设在北外滩浦江国际金融广场，运营中心设在石油大厦。

10 月 8 日　上海开始全面实施不动产统一登记制度。虹口区首本《不动产权证书》诞生。

10 月 26 日　2016 第三届中国北外滩对冲基金峰会在外滩茂悦大酒店举行。

11 月 7 日至 9 日　中共虹口区第十次代表大会召开。

11 月 9 日　中共虹口区第十届纪律检查委员会第一次全体会议召开。

12 月 18 日至 23 日　由市商委和虹口区政府共同举办的第十二届上海酒节在浦东新国际博览中心开幕。

12 月 29 日　虹口区创建“全国残疾预防综合试验区”工作启动会议举行。2015 年 10 月，虹口区被确定为上海市唯一创建全国残疾预防综合试验区。

12 月 31 日　曲阳商务中心关闭，将改造成为新型商业业态商城。设在其中的吉盛伟邦、易买得和家电城也同时关闭。

是年　完成《虹口区国民经济和社会发展第十三个五年规划纲要》编制。

二〇一七年

1月1日	虹口区元旦迎新长跑活动举行。这是虹口区第17年举办迎新长跑。
1月4日	位于东大名路555号上海白玉兰广场工程项目竣工。主楼高320米，为“浦西第一高楼”。
1月9日	虹口区人民法院获“全国优秀法院”称号。
1月9日至12日	虹口区第十四届政协第一次会议举行。
1月10日至13日	虹口区第十六届人民代表大会第一次会议举行。
1月14日	上海首届VEX机器人挑战赛在虹口区青少年活动中心开赛。活动由虹口区教育局主办，57所上海学校组队参赛。
1月20日	上海市见义勇为基金会虹口区分会成立暨先进分子表彰会议举行。

1 月 25 日　中共中央政治局委员、上海市委书记韩正到虹口区走访基层社区，看望困难老劳模。

2 月 16 日　虹口区 2017 年重点企业及重点楼宇（园区）表彰会举行。263 户重点企业、12 幢重点商务楼宇和 10 个重点园区受到表彰。

3 月 18 日　中共上海市委副书记、市长应勇调研虹口、杨浦滨江贯通工程。

3 月 19 日　第七届北外滩财富与文化论坛在浦江饭店举行。同时举行虹口北外滩金融港建设启动仪式。

4 月 1 日　歌诗达邮轮集团旗下德国“爱一达邮轮”贝拉（AIDAbella）号首次抵达上海，停靠北外滩上海港国际客运中心码头。

4 月 10 日　上海市“规范村居功能、畅通为民服务”工作推进会在虹口区召开，虹口区居委会“全岗通”创新工作向全市推广。

4 月 19 日　虹口区科学技术协会第九次代表大会召开。

4 月 26 日　虹口区首个街道层面物业联盟组织——四川北路街道物业联盟和物业联盟临时党支部成立。

4 月 27 日　中共上海市委副书记、市长应勇到虹口区调研。

5 月 3 日　虹口区第七次归侨侨眷代表大会在区机关大楼多功能厅举行。

5 月 9 日　位于北苏州路 188 号的苏宁宝丽嘉酒店开业。

5 月 16 日　位于天潼路 328 号的上海星荟中心建成。该中心由 2 栋 32 层办公楼和 6 层地上地下商业裙房组成，总面积 24.8 万平方米。

5 月 31 日　上海北外滩（集团）有限公司成立，主要承担北外滩区域开发与建设。

6 月 4 日　位于海门路 55 号的星港国际中心结构封顶，该中心包括两幢 263 米高层塔楼，被誉为北外滩“双子楼”。

6 月 15 日　上海第一座以海派文化命名的公共文化空间—海派文化中心（四川北路 1468 号）建成开放，以“海派 / 启 · 承”为主题的开幕式在海派文化中心举行。

6 月 16 日　嘉兴路街道天宝养老院开院。

6 月 17 日　位于北外滩滨江的码头文化露天博物馆开建。

6 月 22 日　位于上海白玉兰广场的万豪国际集团旗下上海外滩 W 酒店开业。

7 月 1 日　全长 2.5 公里的黄浦江滨江公共空间虹口段基本建成对外开放。是日，“同心迎七一悦动北外滩——虹口滨江贯通全民健身活动”在滨江置阳段大草坪前举行。

7 月 1 日　上海长远文化（集团）有限公司启动“事企分离”改革，实行

“事企分离、归位管理、分类改革”。

7 月 4 日　上海市中西医结合医院新大楼正式启用。

7 月 5 日　中共中央政治局委员、上海市委书记韩正到浦西滨江段实地查看杨浦、虹口、黄浦、徐汇滨江公共空间贯通工程推进情况。

7 月 8 日　虹口游泳池改造后对外开放。

7 月 11 日　上海北外滩航运服务中心（霍山路 150 号）建成使用。项目总面积 10200 平方米，主楼高 10 层。

7 月 20 日　中共中央政治局委员、上海市委书记韩正到凉城新村街道，视察广粤路花鸟、建材市场“军队停止有偿服务”工作完成情况。

8 月 31 日　欧阳路街道辖内曲阳路 428 弄 2 号楼电梯加装工程竣工，成为区内首幢配装电梯的老公房。

9 月 17 日　2017 上海旅游节·四川北路欢乐节在上海星荟中心开幕。

9 月 17 日　上海城市业余联赛国际垂直登高大奖赛上海白玉兰广场站开赛，近 500 名垂直登高爱好者攀登“浦西第一高楼”，该活动为上海白玉兰广场举办的首场垂直登高赛事。

9 月 17 日至 19 日　第十三届上海酒节在上海星荟中心举办。

9月22日　2017上海邮轮游艇旅游节在北外滩滨江开幕。《2016—2017中国邮轮发展报告》、上海游艇服务平台、创新内河游轮产品三大信息同时发布。

9月29日　“虹口记忆·国旗礼赞”虹口区喜迎十九大、“十一”国旗广场主题活动在四川北路公园举行。中共四大纪念馆前广场被命名为“国旗广场”,《光荣与力量》主题雕塑同时揭幕。

10月9日　北外滩功能区管理委员会、中部功能区管理委员会和北部功能区管理委员会成立大会举行。

10月27日　中共上海市委副书记、市长应勇到嘉兴路街道调研为老服务工作，看望辖区老年人，送上节日问候和祝福。

11月7日　花园坊节能环保产业园联合党委、高顿教育培训有限公司党委成立。

11月15日　三角地运光菜市场万有集市（辉河路45号）对外营业，成为区内首家2.0版标准化菜市场。

11月28日　中共四大纪念馆全国爱国主义教育示范基地揭牌仪式举行。

12月1日　虹口区城管执法局换装仪式暨重温入党誓词活动在中共四大纪念馆宣誓厅举行。

12月5日　上海音乐谷（集团）有限公司成立，主要承担音乐谷区域开发建设。12月22日，上海音乐谷被授予国家音乐产业基地，为上海市唯一国家音乐产业基地。

12 月 8 日　虹口区首个法治主题公园——霍山公园揭牌仪式举行。

12 月 10 日　虹口区出台《关于加强红色文化建设的意见》，着力打造“四川北路红色文化生态示范区”。示范区以四川北路为中轴，南抵武进路，北至鲁迅公园，面积近 2 平方公里。

12 月 23 日　2017“质量之光”年度质量盛典在北京人民大会堂举行，虹口区入选全国“十大质量魅力城市”。

12 月 27 日　全市首个保留保护建筑内部整体试点改造项目，即“留改拆”首个试点项目—东余杭路 211 弄（春阳里）首期改造完工。

12 月 30 日　浦江饭店开始全面装修。

二〇一八年

1月4日　虹口区红色文化建设专家委员会成立仪式在海派文化中心举行。

1月5日　虹口区“不忘初心、牢记使命，勇当新时代排头兵、先行者”大调研领导小组扩大会议暨全区动员部署大会举行。

1月19日　《中共虹口区委、虹口区人民政府关于推进文化强区建设的决定》发布。

1月30日　上海首个“既有多层住宅加装电梯工作室”在江湾镇街道成立。

2月2日　虹口区人民政府与同济大学共建同济大学附属上海市第四人民医院签约仪式在虹口区机关会议室举行。并为同济大学附属上海市第四人民医院（筹）揭牌。

2月9日　中共虹口区委、虹口区人民政府举行北外滩街道成立大会，原提篮桥街道撤销。北外滩街道西至河南北路以东，海宁路周家嘴路以南，大连路秦皇岛路以西，黄浦江、苏州河以北。

3月2日　海伦路拓宽工程完工通车。

3 月 6 日　虹口区 2018 年重点企业及重点楼宇（园区）表彰会举行。

3 月 14 日　2018 年区文明委全体会议（扩大）暨区创建全国文明城区动员会举行。

3 月 15 日至 16 日　虹口区第十二次妇女代表大会召开。

3 月 19 日　虹口区家加乐加装电梯事务所在江湾镇街道成立。

3 月 25 日　第八届北外滩财富与文化论坛在外滩上海 W 酒店举行。

3 月 29 日　中共中央政治局委员、上海市委书记李强到虹口区调研。

3 月 31 日　虹口区市场监管局与中国银行虹口支行合作，开设网上“一窗通”服务平台，当天即成功受理区内首家企业——骧燊文化传播（上海）有限公司在线开业申请。

4 月 17 日　中共四大纪念馆与孙中山故居纪念馆携手主办的《用生命捍卫信仰——杨殷烈士纪念展》开幕式暨“弘扬杨殷精神”座谈会在中共四大纪念馆举行。

4 月 18 日　虹口区推出《优化营商环境行动方案》。方案包括五大类（146 项）：扩大区域经济对外开放度；实施市场准入负面清单制度；强化金融服务体系和环境建设；优化创新创业体制机制等。

5月3日　虹口区举行文化发展大会。发布《虹口区关于全力打响文化品牌推进文化强区建设的三年行动计划（2018—2020年）》。

5月7日　虹口区发布《全面推进“一网通办”，加快建设智慧政府工作方案》。

5月10日　虹口区总工会举行以“风雨兼程40载，逐梦卓越新时代”为主题的劳模话说改革开放40周年活动，全国劳模杨怀远、陆美红、袁立、胡蕴琪，全国五一劳动奖章获得者袁秉达等参加。

5月17日　虹口区消费民事公益诉讼协作机制框架协议签约仪式暨公益诉讼检察官办公室揭牌仪式举行，为上海市检察机关首次尝试在消费者权益保护委员会设立公益诉讼检察官办公室。

6月29日　上海市委副书记、市长应勇到虹口区17街坊调研“留改拆”工作。

6月　上海首个设在商务楼宇的医疗工作室——北外滩街道社区卫生服务中心家庭医生（全科医生）楼宇健康驿站试点在瑞丰国际大厦正式挂牌启用。

7月5日　原上海市虹口区国家税务局、上海市地方税务局虹口区分局改为国家税务总局上海市虹口区税务局。

7月11日　以“航海新时代，丝路再出发”为主题的2018年“中国航海日”活动在北外滩拉开帷幕。

7 月 18 日　“国科（上海）国际创新产业基地”落户北外滩。

7 月 24 日　中共虹口区第十届委员会第七次全体会议通过《中共上海市虹口区委员会工作规则》《中共虹口区委关于面向全球面向未来提升虹口城区能级和核心竞争力的实施意见》。

8 月 9 日　虹口区 122 街坊二轮征询首日正式签约率达到 90.55%，超过 85% 的签约协议生效比例。122 街坊的成功征收，标志着整个虹镇老街地区的旧改完成。

8 月 25 日至 26 日　共青团虹口区第十五次代表大会召开。

8 月 28 日　虹口区街道监察办公室成立大会举行。区监委向全区 8 个街道监察办公室授牌，虹口区成为全市首个向街道派出监察办公室的中心城区。

8 月 29 日　虹口区归侨易解放获“全国归侨侨眷先进个人”称号。

8 月 30 日　2018 上海城市精神论坛在海派文化中心举行。

8 月 31 日　全国首套高中生创作的“手绘红色戏剧”邮政纪念明信片在上海市澄衷高级中学发布。

8 月　上海市旅游景区质量等级评定委员会公布新一批国家 4A 级旅游景区名单，上港邮轮城入选，成为区域内首个国家 4A 级旅游景区。

9月11日　上海市人才发展服务中心虹口分中心（花园坊）职称受理点揭牌仪式在花园坊党建服务中心举行，为上海市首个建在园区党建服务站的职称受理点。

9月13日　中共中央政治局委员、上海市委书记李强就坚持“留改拆”并举、深化城市有机更新、进一步改善市民群众居住条件有关工作，到虹口区春阳里调研。

9月15日　中央党史与文献研究院常务副院长曲青山参观中共四大纪念馆。

9月17日　2018上海旅游节·四川北路欢乐节在四川北路公园开幕。

9月21日　2018第十四届上海酒节在北外滩·音乐之门揭幕，同时拉开2018上海购物节虹口系列活动序幕。

10月19日　中共虹口区委宣传部与鲁迅文化基金会主办的首届鲁迅文化周活动在鲁迅公园拉开帷幕。

10月26日　虹口区首家“家风馆”在北外滩街道党建服务中心设立。

10月26日至27日　2018世界城市文化论坛（上海）在二至喜来登酒店举行。该论坛由虹口区人民政府、上海社会科学院和上海戏剧学院共同举办。

10月31日　虹口区工会第六次代表大会召开。

11 月 2 日　昆山公园二期改扩建工程完工重新对外开放，整体呈现历史主题区、古树主题区两大特色区域。改扩建工程拆除原有围墙，实现 24 小时开放。

11 月 6 日　中共中央总书记、国家主席、中央军委主席习近平视察虹口区市民驿站嘉兴路街道第一分站。习近平强调城市治理的“最后一公里”就在社区，加强社会治理，既要发挥基层党组织的领导作用，也要发挥居民自治能力，把社区居民积极性、主动性调动起来，做到人人参与、人人负责、人人奉献、人人共享。中共中央政治局委员、上海市委书记李强和上海市委副书记、市长应勇陪同。

11 月 17 日　株洲路（新同心路—北宝兴路）改扩建工程完工通车。

11 月 30 日　“不忘初心，携手同行——2018 年首届长三角红色文化旅游论坛”在海派文化中心举行。

12 月 18 日　上海首个区级综合性文化金融服务平台在虹口区启动。

12 月 23 日　上海白玉兰广场购物中心试运营，为北外滩地区首家商业综合体。

12 月 24 日　上海实施旧改新政以来，首个暂停又重启的旧改基地——虹口区 59 街坊二轮征询首日签约居民 997 证，签约率 96.05%，达到生效比例。

12 月 24 日　虹口区纪委监委、虹口区委宣传部主办的《抓铁有痕铸党魂——

中国共产党早期纪律建设图片展》暨《中共早期纪检监察制度的孕育与上海》研讨会在中共四大纪念馆开幕。

12 月 28 日　江湾公园改造完成，重新对外开放。

二〇一九年

1 月 18 日　“虹口绿色产业发展中心”启动仪式在北外滩浦江国际金融广场举行。该中心是在区政府支持和指导下成立的民办非营利机构。

1 月 22 日　住建部全国市长研修学院“智慧城管精细化执法现场教学基地”在区城管执法局正式挂牌成立，为全国首个智慧城管教学基地。

2 月 14 日　虹口区首个街道社工联合党支部在欧阳路街道成立。

2 月 25 日　虹口区彩虹湾老年福利院投入运营，共提供养老床位 860 个，数量为上海中心城区公办养老项目之最。

2 月 28 日　虹口区机构改革动员会举行。机构改革后，中共上海市虹口区委员会设置纪检监察机关 1 个，设置计入机构限额的工作机关 12 个；虹口区人民政府设置计入机构限额的工作部门 29 个。

2 月 28 日　虹镇老街 7 号地块 A 块最后 1 证居民自行搬家交房，至此虹镇老街 16 个旧区改造地块全面完成交地任务。

3月6日　虹口区召开“全岗通”3.0和垃圾分类工作推进会。

3月11日　虹口区在北外滩举行“睁眼看世界，启航北外滩”纪念早期赴海外留学史料展暨研讨会活动。

3月19日　虹口区妇联发布《虹口区反家庭暴力白皮书》，为2017年以来第三份。同时推出《家庭暴力受暴者综合评估表》和《家庭暴力施暴者综合评估表》，其中《家庭暴力施暴者综合评估表》属全国首创。

3月23日　第九届北外滩财富与文化论坛在上海外滩茂悦大酒店举行。“上海金融科技园区”同时揭牌。

3月30日　“全球双千兆第一区”开通仪式在虹口区举行，标志全球首个行政区域5G网络在上海建成并开始试用。

4月2日　上海市第28个税收宣传月主题活动在虹口区举行。上海市税务局发布《2018上海税收营商环境白皮书》，并宣布全市首个智慧办税服务厅在虹口区正式启用。

4月10日　虹口区政府首次邀请利益相关方列席第48次常务会议。此次会议的议题为“虹口区‘一网通办’工作推进情况”。来自社区、企业、软件开发公司的5位代表在听取了相关部门情况汇报后，对虹口区“一网通办”工作提出意见和建议。区政府领导以及各相关部门负责人对有关意见和建议做了答复。

4月15日　“上海市中医药研究院脉管病研究所”在上海中医药大学附属上

海市中西医结合医院揭牌。“上海市中医药研究院脉管病研究所”的前身为成立于 1991 年的上海市中西医结合医院脉管病研究所。

5 月 10 日　星港国际中心建设工程项目通过验收。该项目 2014 年 8 月 29 日开始桩基施工。

5 月 15 日　虹口区居民秦艳莉家庭和曾宪仁家庭入选 2019 年度“全国最美家庭”。

5 月 17 日　中超联赛上海申花足球队与山东鲁能泰山足球队的比赛在虹口足球场进行，中国移动上海公司与虹口区人民政府、咪咕公司、华为公司合作，采用 5G+ 真 4K+VR 技术，对赛事进行了直播。

5 月 28 日　虹口区退役军人事务局在唐山路 902 号举行揭牌仪式。

6 月 13 日　虹口区扫黑除恶专项斗争领导小组会议举行。

6 月 22 日　上海首个启动居民签约的“市区联手、政企合作”旧改征收项目——虹口区 17 街坊二轮征询达标生效。

6 月 25 日　上海第一支网络文明志愿者队伍在江湾镇街道成立。文明志愿者队伍由 68 名居民区党员和入党积极分子组成。

6 月 26 日　虹口区庆祝中国共产党成立 98 周年座谈会暨区域化党建工作联席会议 2019 年工作会议召开。

6月26日　虹口区红十字会第三次会员代表大会召开。

7月3日　虹口区融媒体中心启动仪式举行。

7月5日　上海市委副书记、市长应勇到虹口区嘉兴路街道就垃圾分类工作进行调研。

8月29日　虹口区138街坊完成旧区改造居民第一轮意愿征询，同意率达100%，创虹口中等以上规模旧改基地居民第一轮意愿征询率纪录。

8月　上海市第五中学落户彩虹湾。该校的落户填补了区域的初级中学空白。

9月2日　上海首个“沈尹默书法教育基地”在海南中学挂牌成立，上海市书法家协会、区文联和区教育局共同在海南中学举行了“沈尹默书法教育基地”挂牌仪式。

9月5日　歌舞史诗《永不磨灭的信念》上海首演暨“缅怀革命先烈，寻根国歌故里”系列活动在虹口区拉开序幕。

9月5日　虹口区教育大会暨庆祝第35届教师节会议举行。

9月10日　全球首个综合性5G应用展示及联创平台——“5G全球创新港”在虹口北外滩正式开港。虹口成为“上海5G综合应用先导示范区”。

9 月 17 日　中共虹口区委“不忘初心、牢记使命”主题教育领导小组会议举行。

9 月 17 日　“2019 上海旅游节 · 虹口欢乐节”在北外滩滨江白玉兰广场正式开幕。

9 月 20 日　2019 上海购物节开幕式虹口分会场暨第十五届上海酒节开幕式在北外滩滨江举行。

10 月 19 日至 25 日　由虹口区委宣传部、鲁迅文化基金会、上海鲁迅纪念馆主办的第二届鲁迅文化周活动正式举行。

后 记

Postscript

为庆祝中华人民共和国成立70周年，《上海市虹口区70年大事记（1949—2019）》是在中共虹口区委的领导和区委宣传部的直接指导以及编委会单位的支持下，中共虹口区委党史办公室贯彻落实中共中央关于党史工作“一突出、两跟进”的指示精神而编纂完成的。

虹口区委党史办公室于2019年2月着手材料的收集，4月开始撰写，5月形成初稿。6月初分别送区相关部门及部分退休同志征求意见建议，6月中旬召开稿件初审会。会后综合各方的意见建议，对稿件进行了修改和内容补充。7月中旬完成稿件审定。至此，《上海市虹口区70年大事记（1949—2019）》记述时限为1949年1月至2019年7月，收录大事1500余件，计65000余字。

全书编写过程中，区领导关心工作进展情况，亲自审阅稿件，并提出了许多宝贵意见。区委宣传部、区发改委、区档案局及区委研究室、区府办研究室、区人大研究室、区政协研究室等部门和部分退休同志对书稿的形成也提出了很好的意见建议，最后市委党史研究室领导给予了宝贵的修订审核意见，在此向各单位及老同志一并表示感谢。

由于编纂者的学识和水平有限，加之编纂时间短促，书中难免存在错漏之处，敬请读者予以指正。

编 者

2019年10月

图书在版编目(CIP)数据

上海市虹口区70年大事记:1949—2019/中共上海市虹口区委党史办公室编.—上海:学林出版社,2019.9
ISBN 978-7-5486-1566-8

Ⅰ.①上… Ⅱ.①中… Ⅲ.①虹口区-地方史-大事记-1949-2019 Ⅳ.①K295.13

中国版本图书馆CIP数据核字(2019)第203129号

责任编辑 许苏宜
封面设计 张志凯

上海市虹口区70年大事记(1949—2019)
中共上海市虹口区委党史办公室 编

出　版 学林出版社
(200001 上海福建中路193号)
发　行 上海人民出版社发行中心
(200001 上海福建中路193号)
印　刷 上海商务联西印刷有限公司
开　本 720×1000
印　张 15.25
字　数 25万
版　次 2019年9月第1版
印　次 2019年12月第1次印刷
ISBN 978-7-5486-1566-8/K·155
定　价 58.00元